COMPILATION OF TYPICAL CASES
FOR REFINED TRAFFIC OPERATION OF URBAN ROADS

城市道路交通组织精细化典型案例汇编

第四辑

公安部交通管理科学研究所 组编

机械工业出版社
CHINA MACHINE PRESS

《城市道路交通组织精细化典型案例汇编(第四辑)》展示了城市控制性交叉口拥堵治理、高架快速路与地面道路衔接路口精细治理、环形交叉口通行能力提升、畸形交叉口运行改善设计、学校接送组织优化、商圈交通秩序提升、典型场景智能交通管控等交通管理实战案例,凝练出各类交通场景的运行特征、常见问题及优化对策。书中选取"全可变车道+二次放行"化解交织拥堵、区域信号协调控制缓解环岛交通压力、学校区域"四位一体"交通综合治理模式、全息感知自适应控制缓解交织路段拥堵等实施效果明显的治理成果,从现状及问题分析、优化思路、优化措施、实施效果等方面深入剖析,以案例的形式体现优秀、科学的交通管理理念和方法,从而进一步促进交通组织精细化的进展。

本书适合交通管理者、科研院所专家、咨询设计单位从业人员等阅读使用。

图书在版编目(CIP)数据

城市道路交通组织精细化典型案例汇编.第四辑/公安部交通管理科学研究所组编.— 北京:机械工业出版社,2023.12
ISBN 978-7-111-74589-1

Ⅰ.①城⋯ Ⅱ.①公⋯ Ⅲ.①城市道路 – 交通运输管理 – 案例 – 中国 Ⅳ.①U491

中国国家版本馆CIP数据核字(2024)第000385号

机械工业出版社(北京市百万庄大街22号 邮政编码100037)
策划编辑:李 军　　　　　责任编辑:李 军 刘 煊
责任校对:龚思文 张 薇　　责任印制:刘 媛
北京中科印刷有限公司印刷
2024年1月第1版第1次印刷
184mm×260mm・13.5印张・331千字
标准书号:ISBN 978-7-111-74589-1
定价:128.00元

电话服务　　　　　　　　　网络服务
客服电话:010-88361066　　机 工 官 网:www.cmpbook.com
　　　　　010-88379833　　机 工 官 博:weibo.com/cmp1952
　　　　　010-68326294　　金 书 网:www.golden-book.com
封底无防伪标均为盗版　　　机工教育服务网:www.cmpedu.com

编写组

主　编　顾金刚

副主编　刘东波　邱红桐　陈宁宁

参　编　钱　晨　卢　健　祖永昶　付　强
　　　　李　娅　王建强　封春房　林　科
　　　　朱志威　修甜甜　顾家悦　汤若天
　　　　华璟怡　司宇琪　董开帆　高书涛

特别鸣谢

大同市公安局交通警察支队
临汾市公安局交通警察支队
大连市公安局交通警察支队
哈尔滨市公安局交通警察支队
齐齐哈尔市公安局交通警察支队
苏州市公安局交通警察支队
常州市公安局交通管理局
连云港市公安局交通警察支队
杭州市公安局交通警察支队
宁波市公安局交通警察局
台州市公安局交通警察支队
嘉兴市海宁市公安局交通警察大队
泉州市公安局交通警察支队
济南市公安局交通警察支队
潍坊市公安局交通警察支队
烟台市公安局交通警察支队
威海市公安局交通警察支队
常德市公安局交通警察支队
佛山市公安局交通警察支队
汕头市公安局交通警察支队
南宁市公安局交通警察支队
德阳市公安局交通警察支队
乐山市公安局交通警察支队
昆明市公安局交通警察支队
西安市公安局交通警察支队
广东振业优控科技股份有限公司

前 言

为了帮助提升城市道路交通治理的精细化和专业化水平，本编写组于 2020 年起，陆续出版了三辑《城市道路交通组织精细化典型案例汇编》（以下简称《案例汇编》），系统地汇集了全国各地在治理城市道路交通堵点、乱点等方面的典型案例，详细解析了经验做法和实施要领，为城市交通治理的一线工作者提供了有益的参考，得到了广大读者的肯定。大家的支持也极大地鼓舞了编写组成员，坚定了我们持续推出《案例汇编》系列的决心，争取为城市道路交通治理工作做出更大的贡献。

编写组始终围绕城市交通组织精细治理的工作部署和实际需求来遴选和编辑案例。2023 年，公安部在城市交通管理工作方面发布了《深化城市道路交叉口精细治理工作方案》《关于大力实施城市道路交通精细化治理提升行动的指导意见》，着力推动整治路口问题隐患、提升关键性控制性路口通行效率、破解重点区域交通难题、改善慢行交通环境等重点工作，要求各地下足精准、精细、精确、精致的"绣花功夫"，全链条破解群众反映强烈的城市道路交通问题，全方位提升城市道路交通出行品质。因此，《案例汇编》（第四辑）紧密结合实战需要，从典型交叉口治理、学校商圈重点区域治理等 7 类场景，遴选了 27 个典型案例，深度剖析交通管理中的痛点和难点，总结凝练了一批行之有效的优化策略和改善措施，以期为各地落实精细化治理提升行动提供可以借鉴的思路和方法。

《案例汇编》（第四辑）得到了国家重点研发计划项目"基于城市高强度出行的道路空间组织关键技术"（项目编号：2020YFB1600500）课题三"安全效率协同导向的道路交通设施与空间组织一体化设计"的支持和资助。《案例汇编》（第四辑）也得到了全国各地交通管理部门的大力支持，在此再次表示感谢！

由于编写人员水平有限，书中难免有不足之处，恳请广大读者批评指正。

编写组

2023 年 10 月

目　录

前言

城市控制性交叉口拥堵治理

主干路关键节点交通渠化提升设计　　　　　　　　　　　　...003

片区压力集中路口信号控制精细化提升　　　　　　　　　　...010

热点区域关键交通节点运行流线优化　　　　　　　　　　　...020

高架快速路与地面道路衔接路口精细治理

"可变车道 + 潮汐车道"调节路权分配　　　　　　　　　　...030

"全可变车道 + 二次放行"化解交织拥堵　　　　　　　　　...035

右转控制减少上匝道区域合流冲突　　　　　　　　　　　　...040

"均衡交通负荷"缓解下匝道交通拥堵　　　　　　　　　　...045

环形交叉口通行能力提升

环岛交叉口运行流线精细化设计　　　　　　　　　　　　　...057

增设信号控制提升进出城环岛通行能力　　　　　　　　　　...064

区域信号协调控制缓解环岛交通压力　　　　　　　　　　　...068

多路交叉环岛改建为信号控制十字路口　　　　　　　　　　...073

畸形交叉口运行改善设计

多岔短连接畸形路口精细化设计　　　　　　　　　　　　　...079

五路交叉畸形路口交通优化治理　　　　　　　　　　　　　...089

中心城区 K 形畸形路口综合改造治理　　　　　　　　　　 ...095

短连接双 T 形交叉口交通优化　　　　　　　　　　　　　 ...102

学校接送组织优化

新建学校投用初期学生接送组织与管理 ...110

专线巴士+地面地下立体接送提升学生接送效率 ...118

学校周边儿童友好街区改造提升通行安全和效率 ...129

学校区域"四位一体"交通综合治理模式 ...135

学校集中片区交通综合治理 ...146

商圈交通秩序提升

区域管控化解商圈节点回溢风险 ...157

"软硬并施"缓解商圈效应显著路口拥堵 ...163

综合施策缓解金融中心区交通拥堵 ...171

典型场景智能交通管控

全息感知自适应控制缓解交织路段拥堵 ...183

拥堵区域交通信号控制策略设计及实施 ...187

短时流量预测提升大型活动路口管控效能 ...197

"生命救护绿波"机制提升应急事件处理效能 ...203

城市控制性交叉口拥堵治理

主干路关键节点交通渠化提升设计

片区压力集中路口信号控制精细化提升

热点区域关键交通节点运行流线优化

城市控制性交叉口拥堵治理

城市控制性交叉口主要是指贯通性主干路与主干路相交路口、进出快速路匝道相邻路口。作为城市交通流量的集散节点，承担着各方向交通的转换和衔接作用，其运行状况直接影响主线交通，甚至相邻片区的通行效率。由于流量大、冲突严重、运行复杂等情况，使控制性交叉口往往成为路网中的拥堵点。它存在的主要问题如下。**一是交通流量大，交通承载压力过大**。作为关键节点，它承担了相交主要干道交通转换的角色，转向流量大，容易发生饱和或过饱和的情况。**二是面积大，通行效率不高**。由于相交的主干道路幅较宽，使得交叉口面积较大，车流通过时间也较长，增加了信号清空时长，影响了信号控制效率。**三是交通时变特征显著，交通运行失衡**。相交道路多为通勤干道，高峰期潮汐现象显著，特别是进口转向交通时变特征明显，传统静态渠化设计难以满足动态交通变化需求。**四是行人过街困难，机非交通冲突显著**。由于路幅较宽，行人过街路径过长，很难在一个相位时间内通过，造成了行人在路中间的滞留，此种类型交叉口的非机动车流量往往也较大，与机动车交织严重。**五是出入口进出车辆影响主线运行**。一些大型路口周边分布有商场、写字楼、酒店、小区等强交通吸引点，如果规划设计不当，造成出入口距离交叉口过近，容易导致进出交通对主线车流干扰，影响通行效率。

城市控制性交叉口的交通优化应根据实际运行情况，综合考虑交叉口所处的区位、周边用地特征、改建条件、慢行交通等因素，综合施策、一体优化。优化的核心目标在于**时空协调优化，提升通行能力及运行效率**。一般可采取以下几类措施进行针对性提升优化。**一是拓宽进出口道，提升通行能力**。有条件的路口可通过压缩车道宽度，改建侧分带、中央绿化带等措施增加车道数量，提升通行能力，但同时要保障慢行通行空间。**二是精细渠化，挖掘交叉口通行潜力**。通过设置右转渠化岛、前移停车线等措施缩小交叉口面积，提升车流通过效率，通过设置综合待行区提升进口蓄车能力。**三是结合交通时变特征，实施时空动态优化**。根据交通流不同时段的变化特点，改变单一的控制方案，通过细化配时，实施多套方案提升控制效率；同时根据流量方向变化特征，鼓励实施潮汐车道、可变车道、借道左转等动态措施，实现交叉口空间有效利用。**四是完善慢行设施，提升出行品质**。通过设置二次过街安全岛、二次过街信号控制，保障行人通行安全性的同时，减少等待时间，缩短过街时长；施划右转盲区、非机动车前置等待区、非机动车左转二次过街等措施，减少机非冲突。**五是片区协动，减小压力和干扰**。通过上下游信号的协调控制，在减缓进入车流速率的同时，提升下游车流释放效率，减轻关键节点压力；做好沿线片区交通组织，合并、关闭或者调整进出口功能，避免距离交叉口过近开口带来干扰；利用好导航、可变单行等措施，引导周边片区车流避开拥堵节点，均衡路网负荷。

主干路关键节点交通渠化提升设计

案例简介

针对路口通行能力不足，机动车与慢行交通冲突严重等问题，大同市主干路关键节点通过精细渠化设计、精准划分控制时段、合理设置配时方案、加强流量管控、科学疏导等手段，增强蓄车能力，缓解高峰期拥堵状况。

现状情况及问题分析

御河西路—迎宾街是大同市平城区重要交通节点之一，其中御河西路北接得大高速，南接京大高速，是大同市区内唯一一条贯穿南北的主干路，也是车辆进出大同市的重要道路之一。迎宾街西接西环路，东接迎宾桥，同样是大同市进出城区的重要道路之一。该路口周边分布着凯旋城、凯德世家等多个小区和大同市第十八小学校（以下简称"十八小"），以及加油站等设施，高峰期间流量较大，如图1、图2所示。

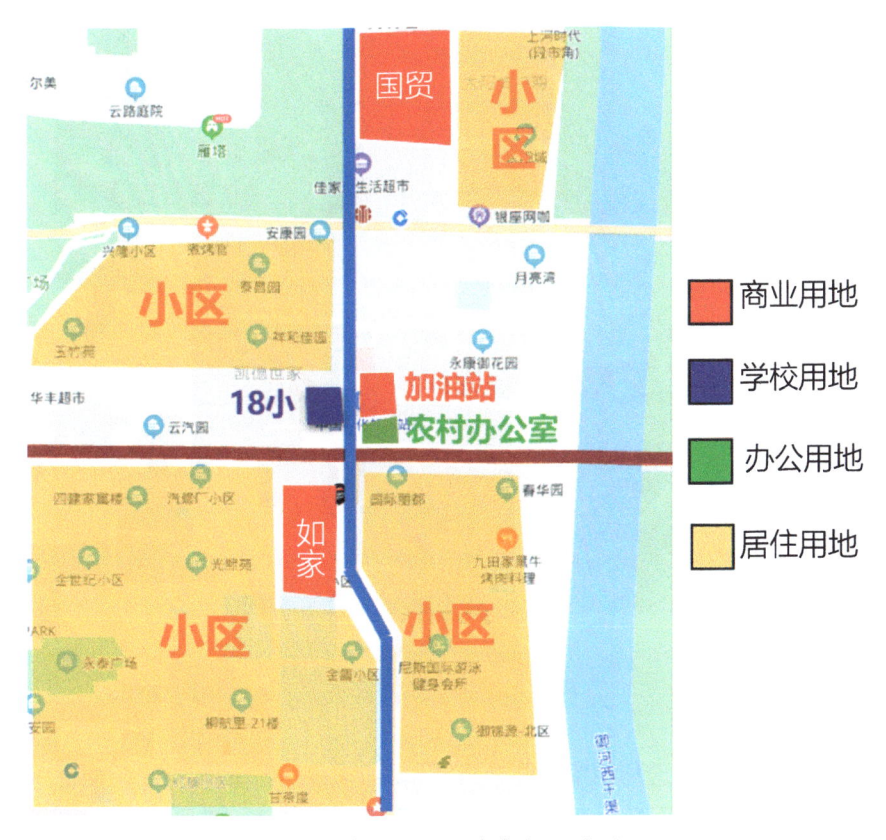

图1 御河西路—迎宾街地理区位图

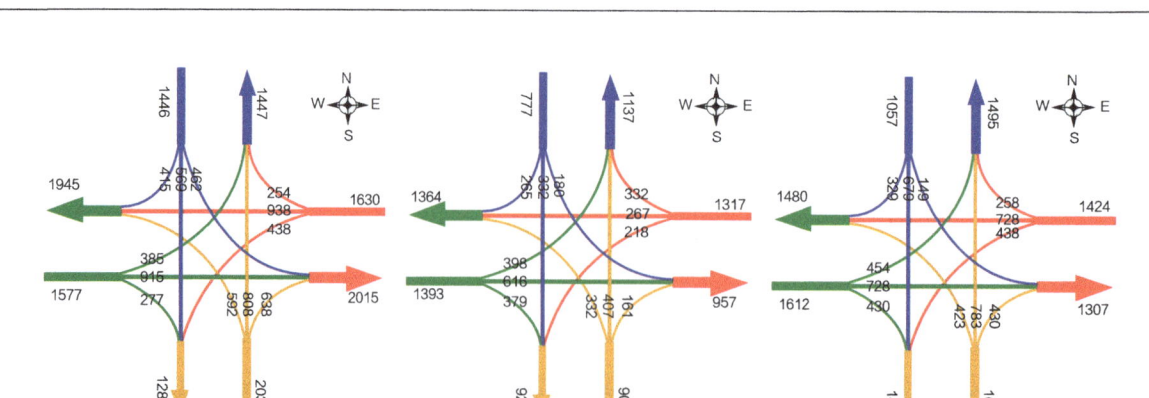

图 2　早高峰、平峰、晚高峰时段交通流量图

御河西路—迎宾街早晚高峰期交通流量较大，路口设计无法满足交通流需求，现存主要问题如下。

1. 路口冲突点较多

机—非冲突、机—人冲突严重，右转机动车与直行、左转非机动车共计 16 个冲突点，集中于交叉口四角；右转机动车与过街行人冲突点共计 8 个，如图 3 所示。

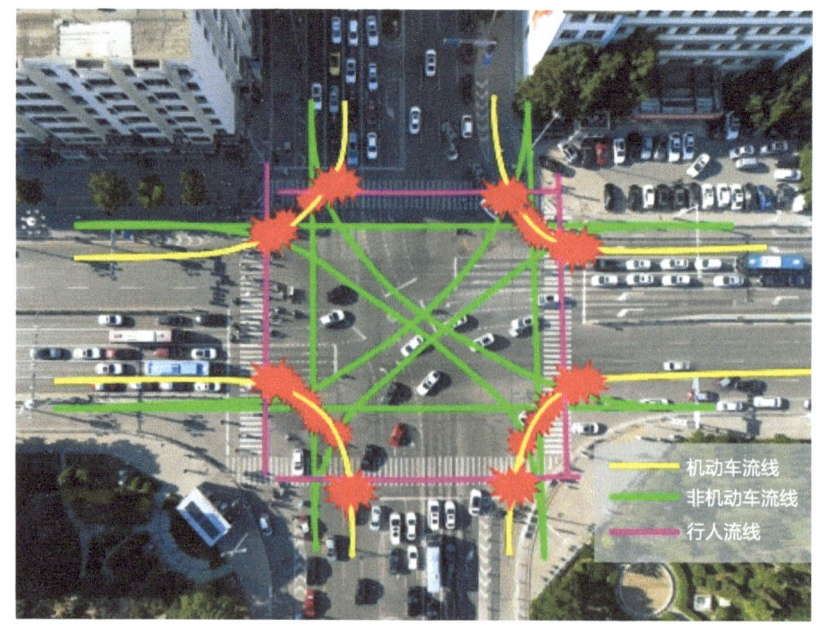

图 3　路口冲突点示意

2. 渠化不合理，车道闲置

南进口、西进口右转车道利用率较低，直行车道排队较长；西边的出口车道闲置，但进口拥堵严重。车道空间利用不充分，道路空间资源浪费，如图 4、图 5 所示。

图4 进口导向车道闲置　　　　图5 出口车道资源利用不充分

3. 慢行过街保障不足

路口面积较大，单次过街距离达到50m，四个方向均未设置安全岛。十八小位于路口西北方向，上下学时段学生交通流量大，横穿道路现象严重，如图6、图7所示。

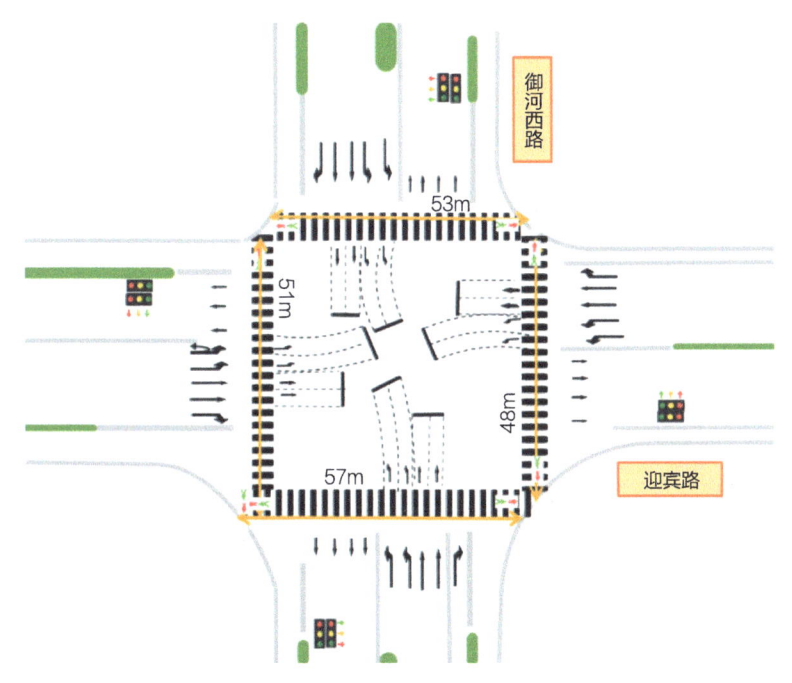

图6 路口平面渠化示意图

图7 行人越过人行步道等待过街

4. 路边违停，影响车辆通行

放学时段，西边以及北边占道路违停现象严重，导致西出口通行缓慢，造成短暂的路口回溢，如图 8 所示。

图 8　路口违停现象严重

优化思路

➢ 针对渠化组织不合理，冲突点较多的情况，深挖路口潜力，精细组织设计，提升节点通行能力。

➢ 针对慢行过街困难，体验不佳的情况，明确慢行过街流线，设置行人过街安全设施，提升安全系数。

➢ 根据实际流量特征，细化控制时段，优化配时方案，提升信号控制的针对性。

优化措施

1. 精细化交通组织

（1）设置渠化岛，缩小路口面积

新增东南角、西南角渠化岛（如图 9 中的①所示），压缩路口空间，缩短车辆通过路口时长，提高通行效率。右转非机动车由岛内侧通行，缓解机非冲突。优化前后，右转机动车与行人的冲突由两个减为一个。配合路口空间压缩，设置优化左转待行区。

（2）优化车道分配

南进口机动车在岛后提前右转的同时，增加 1 条直右混合车道，提高了进口道通行能力与蓄车空间；西进口偏移中心护栏、压缩出口车道宽度，增加了 2 条车道，车道重新渠化为 2 左转、3 直行、1 直右、1 右转，并禁止在路口内掉头，有效提高车道利用率和进口道通行能力。

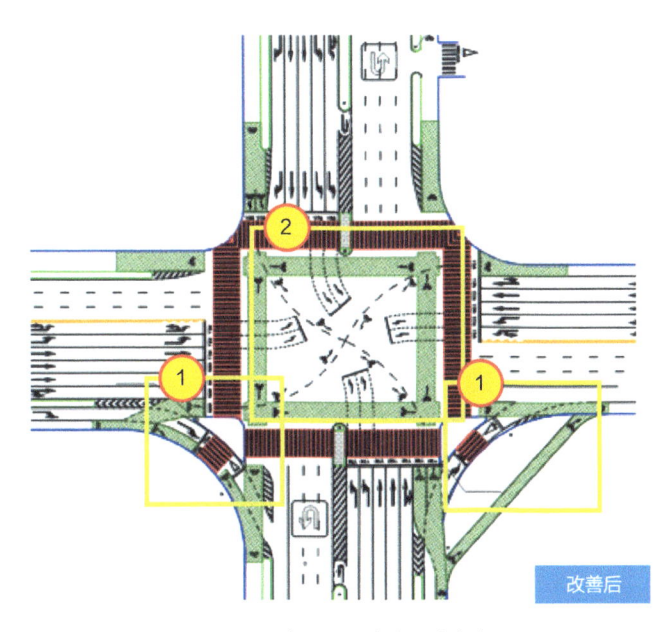

图 9　路口组织优化设计方案

（3）优化掉头设置

东西进口拆除部分中央水泥隔离墩，南进口完善掉头开口设置位置，设置在停止线后约 21m 处（如图 10 中的①所示）。

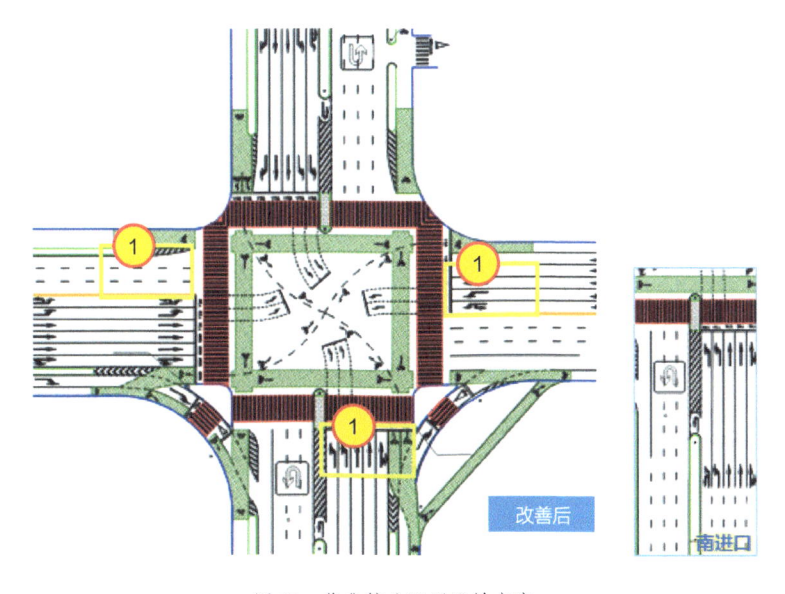

图 10　优化掉头设置设计方案

2. 提升慢行过街体验

对人行横道及非机动车过街路径进行彩色铺装，明确行人及非机动车路权。施划非机动车左转导向线，配合现有非机动车左转信号灯，提升非机动车左转过街效率。新建南北行人过街安全岛（如图 11 中的①所示），提升行人过街安全性。

007

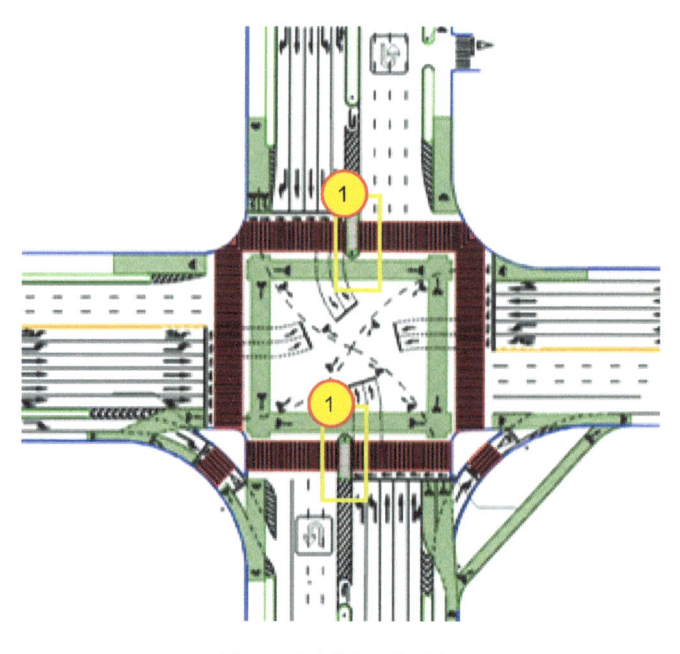

图 11　明确慢行过街路径

3. 优化信号控制方案

优化前路口早高峰周期 234s，平峰周期 190s，晚高峰周期 230s。路口周期较大，平峰时段空放严重，因此，将平峰时段周期降为 170s，高峰时间段周期降为 216s，夜间时间段周期降为 120s。同时，路口西北角为十八小，放学期间对路口影响较大，针对放学时间以"缓进快出"疏导原则，划分为 6 个大的时间段，其中对早高峰、晚高峰及中间的过段平峰，做了更为细致的划分。

4. 完善违停抓拍

针对学校周边违停严重，对交通影响较大，设置违停抓拍设备 5 套，点位如图 12 所示。

图 12　违停抓拍设备设置点位

实施效果

1. 路口交通秩序得到优化

设置行人过街安全岛，并完善相关交通安全设施，提升了行人交通安全服务水平。合理设置行人二次过街信号灯，不仅缩短了行人等待红灯时间，还提升了整个路口的通行效率，也减少了行人闯红灯现象的发生。通过彩色铺装和左转导向线，既明确了非机动车路权，也规范了非机动车过车秩序，如图13所示。

图13　交通组织渠化优化后示意图

2. 车辆通行效率提升，排队长度缩短

根据实际运行交通流量划分多个控制时段，合理化配时，减少了路口空放，提高了车辆通行效率，如图14所示。

图14　迎宾桥车辆排队长度对比

片区压力集中路口信号控制精细化提升

案例简介

针对交通压力集中，流量时变特征显著的大型路口，贵阳中心城区长岭南路与观山东路交叉口，在充分调研车流特征的基础上，细化信号控制时段，将交通压力集中的东西进口分开放行，充分匹配了实际运行状况，有效提升了控制效率。同时施划待行区、前移停车线、实施行人二次过街，提升了路口的精细化水平。

现状情况及问题分析

长岭南路与观山东路交叉口（图1），是贵阳"双核"区域间交通往返的重要通道，也是观山湖区东部的重要交通节点，周边大型广场、CBD、住宅小区分布密集。路口周边开口进出车辆影响交通运行，通行效率受阻、拥堵情况明显。

图1 长岭南路与观山东路交叉口所处区位

现存主要问题如下。

1. 交叉口面积过大，控制效率较低

路口空间大，行人过街距离较长，绿灯放行后期滞留的行人与即将放行的机动车冲突现象显著，影响了路口正常运行，如图2所示。

图 2　优化前路口渠化图

2. 潮汐特性明显

路口早晚高峰交通潮汐性特征明显，尤其是东西方向，高峰时段与非高峰时段交通运行特性差异显著。

3. 路口周边小学接送交通组织不合理

路口东北侧分布有黄城根小学，接送高峰车辆较多，进出车辆阻断观山路主路车流，严重影响路口东段的正常运行。

优化思路

- 针对潮汐现象显著，交通压力集中的问题，细化信号控制方案，提升信号控制匹配性。
- 针对路口面积大，放行效率较低的问题，完善路口渠化，设置待行区，提升放行效率。
- 针对周边交通组织不合理的情况，因地制宜疏导交通，均衡负荷，避免交通压力过于集中。

优化措施

1. 细化路口信号配时方案，提升路口通行效率

根据路口道路交通流的特征和高峰时段上下游路口管制需要，对信号灯配时方案进行了如下精细化调整。原方案见表 1~ 表 5。

表 1 原方案早高峰控制时段一

路口名称	周期	时段	相位				
			阶段一	阶段二	阶段三	阶段四	阶段五
长岭南路—观山东路	150s	7:30—8:00	东单放	东西直行	西单放	北单放	南单放
			31s	42s	24s	27s	26s

表 2 原方案早高峰控制时段二

路口名称	周期	时段	相位					
			阶段一	阶段二	阶段三	阶段四	阶段五	阶段六
长岭南路—观山东路	171s	8:00—8:34	东单放	东西直行	西单放	北单放	东单放	南单放
			18s	40s	25s	28s	31s	29s

表 3 原方案早高峰控制时段三

路口名称	周期	时段	相位				
			阶段一	阶段二	阶段三	阶段四	阶段五
长岭南路—观山东路	159s	8:34—9:30	东单放	东西直行	西单放	北单放	南单放
			28s	46s	27s	30s	28s

表 4 原方案晚高峰控制时段一

路口名称	周期	时段	相位				
			阶段一	阶段二	阶段三	阶段四	阶段五
长岭南路—观山东路	170s	16:55—18:30	东单放	东西直行	西单放	北单放	南单放
			23s	48s	25s	41s	33s

表 5 原方案晚高峰控制时段二

路口名称	周期	时段	相位				
			阶段一	阶段二	阶段三	阶段四	阶段五
长岭南路—观山东路	165s	18:30—19:20	东单放	东西直行	西单放	北单放	南单放
			23s	49s	25s	38s	30s

1）细分信号控制时段，实施"双模多时段"标准控制。在原来早高峰、平峰、晚高峰和夜间时段划分的基础上，细化为工作日和节假日，其中工作日和节假日又根据每一小时，甚至每一刻钟的道路交通情况，设置不同的信号灯配时方案。

2）针对东进口高峰时段交通流量最为突出，采取了"单周双次"放行。通过拆分东进口放行时间，插入其他信号相位，给东进口车流二次整队时间，提升东进口通行效率。

3）细化早晚高峰控制时段划分。由于路口车辆通行需求较大，早晚高峰车辆排队长，难以消散。原有早高峰控制方案，在东进口虽采用二次放行，但绿灯时间不合理，通行压力仍然集中，并且周期长，四个方向车流排队较长，难以消散。通过高峰时段流量采集分析发现，8:00左右流量特征发生了明显变化，一直持续到早高峰结束，因此将早高峰分为7:00—8:00、

8:00—9:37 两个控制时段，以优化信号方案，适应交通流变化，如图 3、图 4 和表 6、表 7 所示。

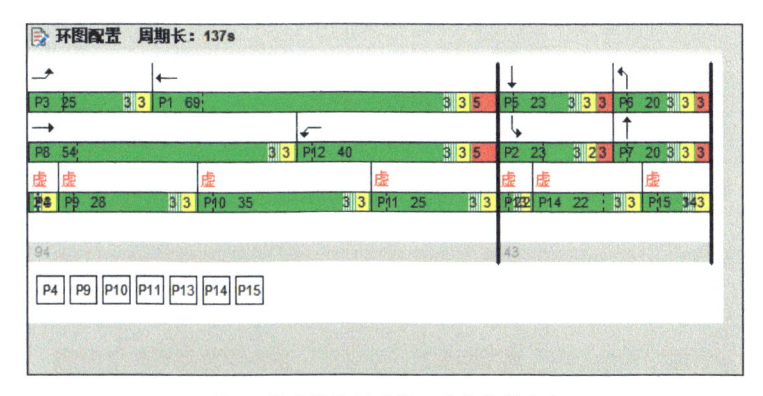

图 3　早高峰控制时段一信号控制方案

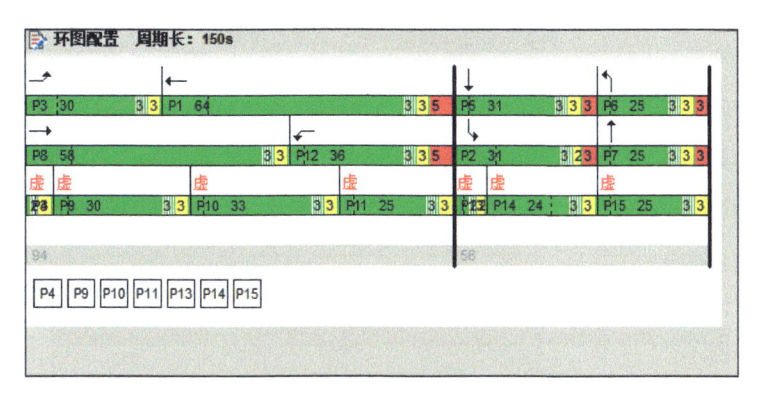

图 4　早高峰控制时段二信号控制方案

表 6　优化方案早高峰控制时段一

路口名称	周期	时段	相位				
			阶段一	阶段二	阶段三	阶段四	阶段五
长岭南路—观山东路	137s	7:00—8:00	西单放	东西直行	东单放	北单放	南单放
			25s	29s	40s	23s	20s

表 7　优化方案早高峰控制时段二

路口名称	周期	时段	相位				
			阶段一	阶段二	阶段三	阶段四	阶段五
长岭南路—观山东路	150s	8:00—9:37	西单放	东西直行	东单放	北单放	南单放
			30s	28s	36s	31s	25s

长岭南路—观山东路晚高峰时段为 17:00—19:00，根据流量变化特征，东西方向车流较大，采用东西方向二次放行的方式，快速疏导，集散车流。将晚高峰分为三个控制时段，精细化控制，使交叉口通行效率尽可能大，能够安全、高效地释放车流量。控制时段一，

17:00—17:55；控制时段二，17:55—18:30；控制时段三，18:30—19:00，如图5~图7和表8~表10所示。

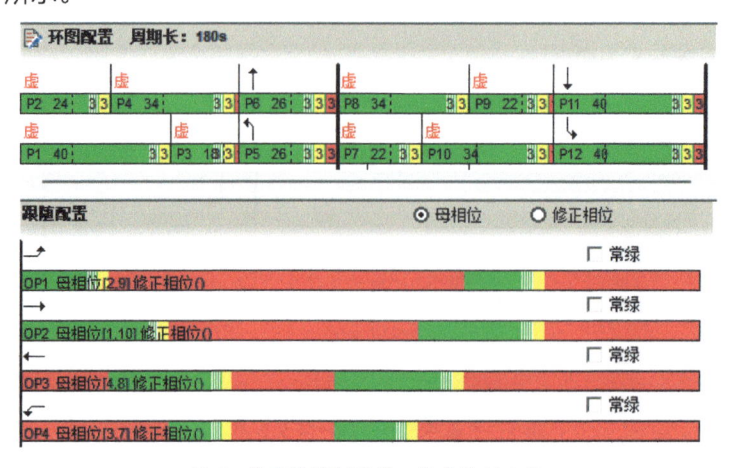

图5 晚高峰控制时段一信号控制方案

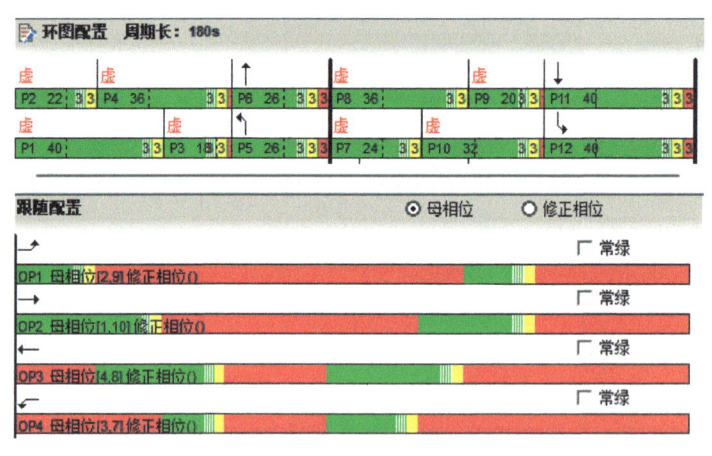

图6 晚高峰控制时段二信号控制方案

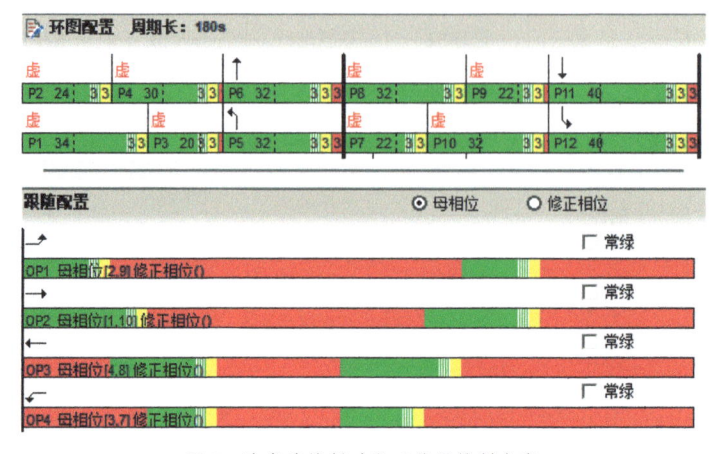

图7 晚高峰控制时段三信号控制方案

表 8 优化方案晚高峰控制时段一

路口名称	周期	时段	相位							
			阶段一	阶段二	阶段三	阶段四	阶段五	阶段六	阶段七	阶段八
长岭南路—观山东路	180s	17:00—17:55	西单放	东西直行	东单放	南单放	东单放	东西直行	西单放	北单放
			24s	16s	18s	26s	22s	12s	22s	40s

表 9 优化方案晚高峰控制时段二

路口名称	周期	时段	相位							
			阶段一	阶段二	阶段三	阶段四	阶段五	阶段六	阶段七	阶段八
长岭南路—观山东路	180s	17:55—18:30	西单放	东西直行	东单放	南单放	东单放	东西直行	西单放	北单放
			22s	18s	18s	26s	24s	12s	20s	40s

表 10 优化方案晚高峰控制时段三

路口名称	周期	时段	相位							
			阶段一	阶段二	阶段三	阶段四	阶段五	阶段六	阶段七	阶段八
长岭南路—观山东路	180s	18:30—19:00	西单放	东西直行	东单放	南单放	东单放	东西直行	西单放	北单放
			24s	10s	20s	32s	22s	10s	22s	40s

2. 路口周边区域交通组织调整

对黄城根小学门口道路的交通组织进行优化调整，早晚高峰时段（7:00—9:00；17:00—19:00）实施单行。只允许车辆由观山东路驶入，禁止车辆由黄城根小学门口道路驶出观山东路，减少了高峰时段因开口驶出车辆对主线交通的影响，如图 8 所示。

图 8 黄城根小学路口周边单行线设置示意图

3. 路口工程微改造，改善路口通行环境

1）协调中天会展城101大厦业主单位，对大厦门前广场进行改造，增加人行步梯和缓坡，为人行横道前移提供条件，如图9所示。

图9 改造路口西北侧人行通道

2）对路口进行重新渠划，前移人行横道，并增设行人二次过街安全岛和行人过街信号灯，同时设置隔离护栏，规范行人秩序，如图10~图13所示。

图10 调整人行横道位置　　　　　图11 增设行人二次过街安全岛

图12 四周增设隔离护栏　　　　　图13 建设行人过街信号灯

3）完善车道功能分配。西进口将最右的左转车道调整为直行车道，南进口将最左侧的直行车道调整为左转车道，东进口将最左侧的左转车道调整为直行车道，并对导流岛进行压缩，增加一条车道，如图14所示。

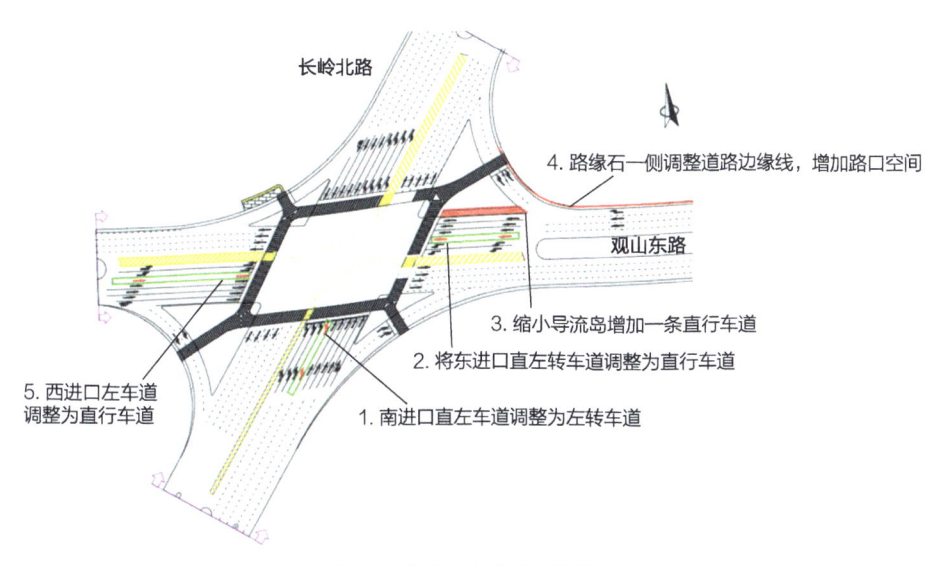

图 14　交叉口车道改造设计图

4. 设置左转待行区

实施路口工程微改造后，路口空间依然较大，绿灯信号利用率不高，车辆在通行时存在路口资源闲置的情况。施划左转待转区，配套设置待行提示标志牌，利用信号控制技术，提前将车辆引入路口待行区，增加路口通行能力，缩短了路口排队长度，如图15所示。

图 15　待转区渠化设计图

实施效果

通过优化调整后，路口渠化改造如图16所示。

017

图16 优化后航拍图

1. 通行能力提升

周一早高峰路口车流量由 7557pcu/h 增加至 7632pcu/h，提升 1%；晚高峰路口车流量由 7832pcu/h 增加至 8121pcu/h，提升 4%。周五早高峰路口车流量由 7001pcu/h 至 7406pcu/h，提升 6%；晚高峰路口车流量由 7810pcu/h 增加至 7852pcu/h，提升 1%。

2. 拥堵水平有效下降

高峰拥堵指数从 5.51 下降至 3.94，下降 28.5%。路口全天拥堵指数从优化前 2.01 下降至 1.62，全天路口拥堵指数下降 19.4%，如图 17~图 19 所示。

11月28日—11月29日 全天	11月07日—11月08日 全天	vs	涨跌幅
1.62	2.01		19.4% ↓

图17 优化前后拥堵指数曲线

图 18　早高峰优化前后路口拥堵情况对比图

图 19　晚高峰优化前后路口拥堵情况对比图

3. 交通运行水平显著提升

路口高峰车均延误由 156s 下降至 136s，车均延误降低 12.8%，从路口平均速度来看，高峰车速由 9.7km/h 提升至 13.4km/h，车速提升约 38.1%，如图 20 所示。

图 20　优化前后车均延误对比图

热点区域关键交通节点运行流线优化

案例简介

针对中心城区周边用地交通吸引力较强引发的进出流线复杂、秩序混乱等情况，海宁市海昌路—钱江路交叉口通过拓宽进口增加车道数，设置可变车道，优化周边商圈、医院的进出流线等措施，实现了交通流量在空间和时间上的合理分配，提升了交通运行水平，缓解了高峰拥堵。

现状情况及问题分析

海昌路与钱江路交叉路口位于海宁中心城区，为主—主相交大型路口，周边有人民医院、银泰城、金融中心和住宅区等交通热点区域，交通吸引和发生量大，交通压力集中，如图1所示。

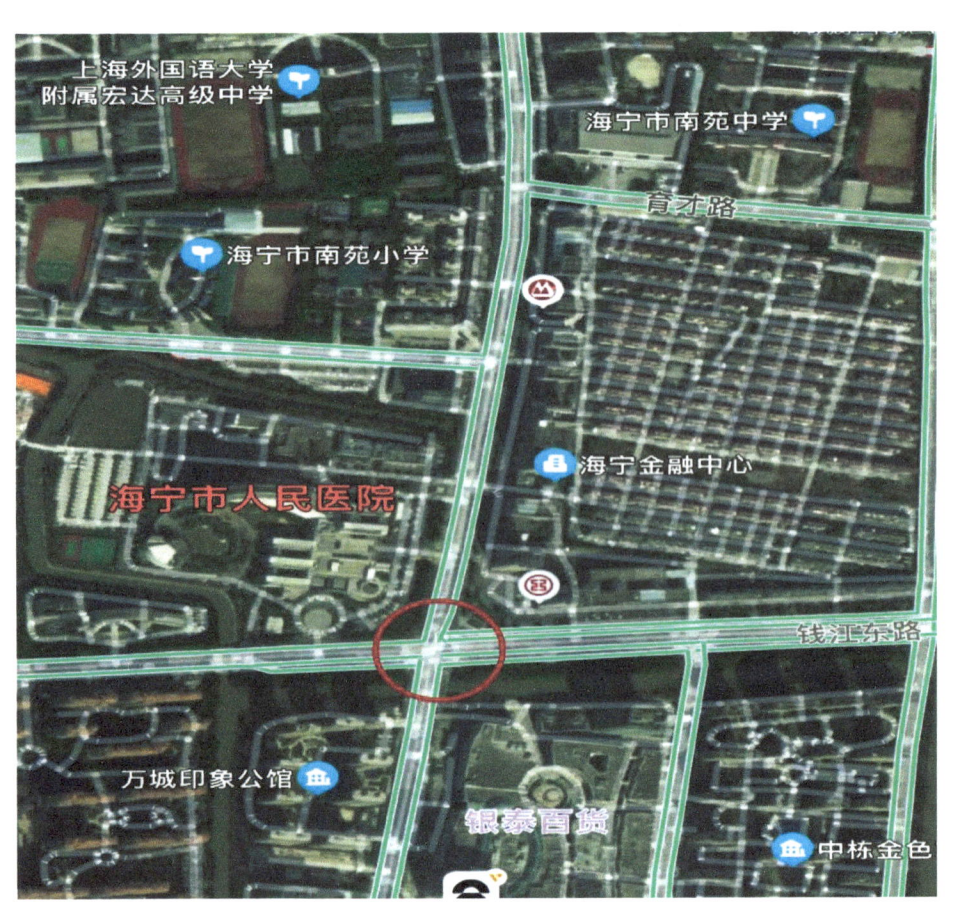

图1　海昌路与钱江路交叉路口所处区位

海昌路为南北走向，贯穿市区硖石、海州、马桥三个街道，道路等级为主干道，双向四车道，其中西山路—长丰路段限速50km/h，长丰路—525国道段限速60km/h。海昌路北至西山路（火车站），南接525国道，是市区主要南北通道，主要承担各街道之间交通集散功能。钱江路为东西走向，道路等级为主干道，双向四车道，设计速度50km/h，道路两侧有大量的住宅区和商业区。路口现存主要问题如下。

1. 通行能力不足

海昌路—钱江路交叉口四个方向车道布置均为4进2出，作为市中心主要节点，现状的车道数已经无法满足日益增长的通行需求，特别是钱江路，两侧住宅密集，高峰时段存在明显的车辆排队。

2. 进出医院、商圈车辆干扰主线交通

早高峰进入医院的车辆较多，排队进入医院的车辆溢出至钱江路主路，影响钱江路上西往东通行的车辆，并且开口距交叉口仅80m，导致车辆溢出至交叉口，造成路段、路口交通拥堵。此外，车辆变道过程中也容易引发交通事故，既影响通行效率也产生安全隐患。同时，交叉口西南角的银泰城商圈也存在相同的交通问题，晚高峰及节假日期间进入银泰城车辆较多，车辆排队溢出至路口内，从而影响整个区域的通行，如图2所示。

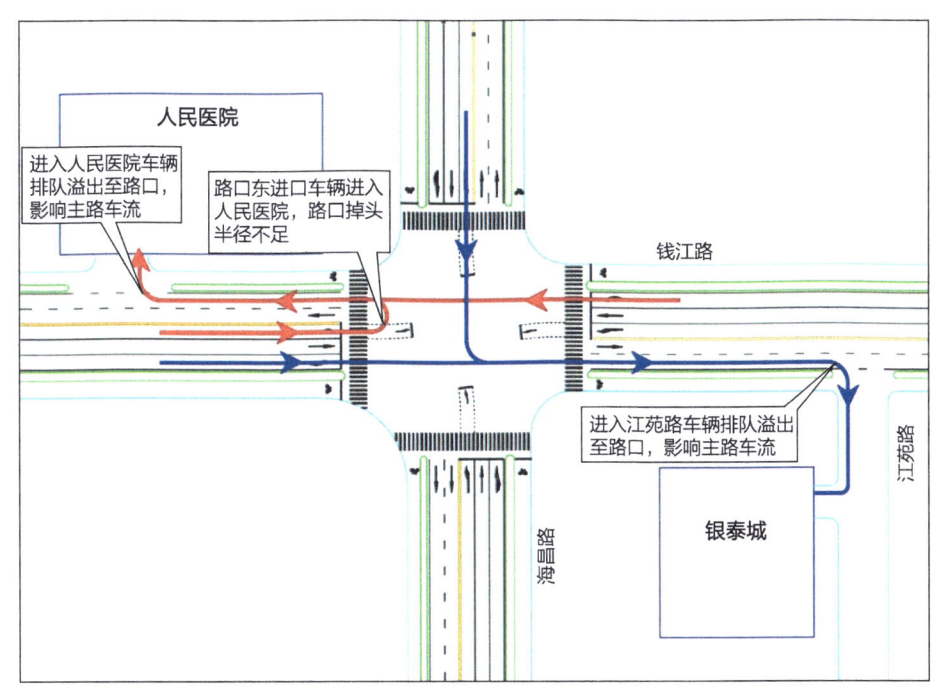

图 2　进出医院、商圈车辆影响路口正常运行

3. 车道利用不均衡

交叉口西往东的车流量在不同时段呈现不同的变化规律。经统计分析，早高峰时段西往

东的左转车流量较大，而平峰时段西往东左转流量相对较少，但其中通过左转车道掉头进医院的车辆占比较高，晚高峰时段西往东直行流量较大。现状路口西进口车道布置为：左转＋直行＋直行＋右转，早高峰和平峰期间直行车道利用率相对较低，而左转车道通排队较长。

优化思路

➢ 针对路口交通需求大，通行能力不足等情况，因地制宜进行路口拓宽，提升通行能力。

➢ 针对路口周边医院、商圈进出流线复杂，秩序混乱等问题，根据实际需求优化进出流线，减小车流交织。

➢ 设置可变车道，提升运行效率。

优化措施

1. 拓宽进口道，提升路口通行能力

对海昌路—钱江路交叉口东、西侧进行拓宽改造，进出口各增加一条机动车道，由原来4进2出改为5进3出，西侧进口道设置为：右转＋直行＋直行＋可变车道＋左转，东侧进口道设置为：左转＋直行＋直行＋直行＋右转，提高路口通行能力，如图3、图4所示。

图3　西进口车道渠化　　　　　　　　图4　东进口车道渠化

2. 优化车辆通行流线

在西侧出口道外侧设置辅道，与主车道通过侧分带进行分割，作为进入医院的专用通道，并设置相应交通标志标线进行引导。该车道的设置有效地解决了车辆排队溢出的问题，消除了对主车道及上游路口的通行影响，同时也满足了车辆掉头所需的半径，不仅优化了通行秩序，也提高了通行效率，如图5、图6所示。

同理，东侧出口道也设置相同的辅道，作为公交车停靠和通往银泰城江苑路出入口的专用通道，如图7、图8所示。

图 5　设置进入医院的专用辅道

图 6　配合设置指示标志

图 7　设置辅道进入商圈

图 8　进入医院及商圈的交通流线

3. 设置可变车道，提高车道利用率

根据各流向的通行需求以及车流量的变化情况，将路口北侧进口道最外侧车道设置为可变车道，晚高峰期间（16:30—18:30）设置为左转车道，以满足左转需求；其余时间为右转车道，如图 9 所示。

图 9　路口北进口可变车道

由于早高峰期间左转和掉头车流量较大，下午时间段左转掉头后进入医院的车辆较多且直行车流趋于稳定，将路口西进口第二车道设置为可变车道，早高峰期间（7:00—9:00）、午平峰期间（12:00—16:00）设置为左转车道，其余时间为直行车道，如图10所示。

图10　路口西进口可变车道

4. 完善路口配套设施

1）施划右转弯危险警示区标线，并在容易发成碰擦处设置防撞桶，如图11所示。

图11　路口转角处设置警示标线及防撞桶

2）建设行人违法抓拍系统，通过"传统＋科技"的治理措施，通过行人、非机动车闯红灯等违法行为进行自动抓拍，现场LED显示屏，进行违法曝光，进一步提高行人、非机动车的守法率，如图12所示。

图 12　行人闯红灯曝光屏

3）设置远程喊话执法系统，在路口设置远程喊话喇叭，当遇到特殊情况以及高峰时段，进行远程喊话指挥，能够第一时间开展拥堵疏导、违法劝阻等工作，如图 13 所示。

图 13　远程喊话执法系统

4）完善其他各类配套设置，对交通事故进行分析研判，通过增设反光道钉、分道体、告知标志、高杆灯等设施，提高路口的识别度、照明度和通透度，从而实现交通事故压降的目标。

实施效果

从改造后整体交通通行状况来看，路口的通行秩序、安全性以及路口面貌得到了显著提升，如图 14 所示。

图 14　路口优化后航拍

1. 路口拥堵得到大幅度缓解

通过拓宽东西进口、设置可变车道、辅道等，并进一步优化路口信号配时方案，路口通行能力和效率得到显著提升，高峰期间排队长度明显缩短，由原来的 150m 缩短至 90m。

2. 交通运行秩序提升

解决开口、路口车辆排队溢出的问题，减少了交通延误，优化了通行秩序。改造后未出现溢出至路口的交通状况。

3. 交通安全水平得到有效提升

通过对路口进行标准化建设，提升了路口交安设施防护水平。路口交通事故同比下降了 18.6%。该路口的改造也被列入市、县两级民生实事工程——路口标准化改造项目。

高架快速路与地面道路衔接路口精细治理

"可变车道 + 潮汐车道"调节路权分配

"全可变车道 + 二次放行"化解交织拥堵

右转控制减少上匝道区域合流冲突

"均衡交通负荷"缓解下匝道交通拥堵

高架快速路与地面道路衔接路口精细治理

高架快速路与地面道路衔接路口是指高架快速路上下匝道延伸至路面段，与地面道路相交形成的平面交叉口，包括下匝道衔接路口和上匝道衔接路口两种形式。由于其作为地面交通与高架交通的连接节点，具有交通吸引力强、流量时变显著、交通流线复杂等特征，对于区域交通的高效运行至关重要。由于其自身结构特点加上流量集聚效应显著，高架快速路衔接路口在交通运行上存在着交织冲突显著、合流冲突严重、拥堵蔓延影响主线等问题，具体问题如下。

运行问题一：车流交织冲突显著，影响路口通行效率。高峰期间下匝道车流量较大时，不同流向车辆相互交织阻挡，影响进口车道正常使用，降低了交通运行效率。同时，由于按照常规车道功能布置的进口道，高架下匝道车流与地面车流跨越多车道换道行驶，交织冲突严重，容易发生碰撞事故。

运行问题二：合流冲突严重，易形成通行瓶颈。针对上匝道衔接路口，右转与上游上匝道车辆在信号放行期间同时驶入匝道，与右转车流汇流冲突显著，通行不畅。部分下匝道衔接路口下行方向与辅道方向多股车流同时放行，而出口车道数不足，合流冲突严重，容易形成通行瓶颈。

运行问题三：交通压力集聚，引发拥堵蔓延，影响主线通行。高峰期间，车流快速集聚至上匝道形成长距离排队，不仅在匝道与主线合流处形成拥堵，同时加重了主线的通行压力。同时，部分高架下匝道车流通行流量大，下游衔接路口交通压力较大，蓄车空间不足时，直接溢出至高架快速路，影响主线交通运行。

高架快速路与地面道路衔接路口涉及路口进口道、连接匝道及衔接的路段，车流压力往往较为集中，且存在不同方向车流交织，交通组织复杂。在优化治理方法上，**首先**，需要根据实际情况调整进口车道功能分布，匹配实际需求，当存在时变交通需求时，可因地制宜设置可变车道；**其次**，要时空协调管控、挖掘路口潜力、提升运行效率，通过设置导向线和引导标志完善行驶轨迹，通过施划待行区增加蓄车空间，通过信号控制分离交通冲突、减缓车流集聚等，并且同步完善信号控制策略及配时方案；**最后**，当空间不足或者交通控制复杂时，可考虑对于特定转向实施禁行管控，但需要注意的是，禁行措施需要统筹考虑，合理分散车流压力，不能简单地将车流压力向外转移。具体优化方法如下。

优化方法一：针对车流交织显著的情况，根据实际交通运行特征，调整车道功能。根据高架下行车流和辅道的实际通行需求，调整车道功能，尽量诱导车流顺畅选择路径，减少交织。而对于车流运行时变特征显著的路口，可考虑设置可变车道，以匹配实际通行需求，减少变道行驶的横向距离。

优化方法二：针对合流冲突严重的情况，采取精细化信号控制，让下游通行能力匹配上游通行需求。明确路权优先，右转车辆让行上匝道车辆；高峰期间可对右转车辆进行信号控制，减少冲突。针对上游同时放行的车流数显著大于出口车道数导致的合流困难，可因地制宜实行"车道级"控制，即以地面文字、分车道标志等，明确各车道功能，或通过车道信号灯实现信号控制。

优化方法三：针对交通压力集中的情况，通过上下游协调控制，禁限行等措施均衡交通压力。一方面，对上游匝道入口适时启用信号控制，主动均衡负荷，减少对主线运行干扰，实行"缓进"。另一方面，下匝道上游与衔接路口协调控制，及时疏散排队车流。对下匝道衔接路口与快速路上游主线进行协调控制，及时疏散地面道路车流，实行"快出"。当通过信号协调控制仍然不能缓解拥堵时，可统筹区域路网通行条件，对路口部分转向实行禁限行，通过周边路网分散通行压力。

"可变车道＋潮汐车道"调节路权分配

案例简介

针对潮汐显著、车流交织引发的通行效率低下、拥堵严重等问题，常州市中心城区交通节点通过设置可变车道和潮汐车道，有效匹配了实际交通运行状况，提高了道路资源使用效率，提升了通行能力。

现状情况及问题分析

常武路—长虹路口是武进中心城区主要交叉路口之一，路口南北向为常武路，东西向为长虹高架及其地面道路，其中常武路为武进南北向主干路之一，北接常州市区，南至漕桥、宜兴，中心城区段主线设双向 8 车道，两侧辅道各设 1 条机动车道；长虹高架东接 312 国道、青洋高架，西接龙江高架、金武快速路，沿线双向 6 车道，如图 1 所示。路口潮汐现象显著，高峰期间车流量较大，排队距离长，拥堵情况严重。

图 1　路口区位图

1. 路口周边交通吸引源较多

常武路—长虹路口由于周边多为小区、商业综合体，且为高架匝道连接路口，交通流量大，如图 2 所示，特别是早晚高峰时段，路口易发生交通拥堵。

2. 路口早晚高峰时段潮汐现象明显

早高峰时段，路口由北向南直行车辆较多；晚高峰时段，路口由南向北车辆较多，导致路口排队情况较为突出，如图 3、图 4 所示。

图 2　路口周边用地分布

图 3　路口早高峰北向南通行压力大

图 4　路口晚高峰南向北通行压力大

3. 路口由西向南右转车辆通行效率较低

在早高峰时段，长虹高架下行车流至路口由西向南右转车辆与地面道路右转车辆交织严重，导致路口右转车辆通行缓慢，如图 5 所示。

图 5　西向南拥堵严重

优化思路

➤ 针对潮汐交通显著的情况，对路口交通组织进行优化，设置潮汐车道，调整车道功能，进一步提高道路通行效率。

➤ 针对路口通行效率较低的情况，加强科技设施投入，优化调整信号配时，最大限度引导车辆快速通过路口，缓解路口交通拥堵。

➤ 为加强引导，提升运行秩序，完善配套交通设施，规范路口交通秩序，实施初期民警上路进行引导管理，减少交通违法，保证方案实施的效果。

优化措施

1. 设置可变车道，适应流量变化情况

将路口由西向东方向最右侧车道调整为可变车道，早高峰时段 7:00—9:00 为右转车道，其他时间段为直行车道，并在早晚高峰时间段安排民警加强指挥引导，如图6、图7所示。

图6 最外侧车道设置为可变车道

图7 路口完善可变车道标线

2. 设置潮汐车道，根据早晚高峰调整通行方向

将常武路（长虹路—府东路）北向南方向最左侧机动车道设置为潮汐车道，其中早高峰时间段由北向南通行，其他时段则为由南向西左转通行。常武路与长虹路交叉口南侧从左向右第三车道改为可变车道，路口组织和放行方式同步调整，如图8所示。

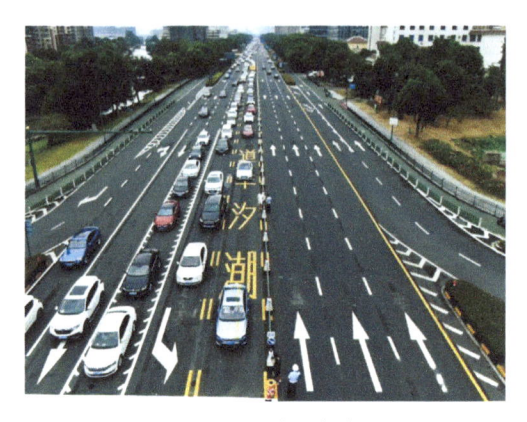

图8 设置潮汐车道

3. 配合交通组织方式，完善标志标线及配套设施

完善路口交通标志、标线，设置可变显示标志配合可变车道进行引导；常武路（长虹路—府东路）设置机器人护栏，配合潮汐车道进行调整，如图9~图11所示。

图9　设置可变车道指示标志

图10　设置车道指示标志

图11　路口设置机器人护栏

实施效果

通过对常武路—长虹路口及延伸路段因地制宜采取"潮汐+可变车道"等交通组织措施，建成了常州市首条利用"遥控导流机器人"控制的智慧潮汐车道，有效改善了道路通行条件，道路通行效率同比提高18%，路口交通拥堵情况得到了较大改善，如图12、图13所示。

图 12　路口优化后航拍

图 13　路口运行情况

"全可变车道 + 二次放行"化解交织拥堵

案例简介

针对下匝道车流与地面车流变道交织严重、信号控制效率低下等问题，杭州市高架下匝道衔接路口通过设置全可变车道、优化放行相位，有效匹配了实际车流状况，提升了路口运行效率。

现状情况及问题分析

上塘路—大关路路口位于拱墅区大关街道，为主干路平交路口，上塘路为南北走向，大关路为东西走向，均为城市主干道，是城市重要交通节点之一，如图 1 所示。路口上游为上塘高架路，南进口设上、下匝道各 1 处。周边有水晶城、远洋中心等商业中心，下匝道又是大关区域唯一南向北下口，全天下匝道流量较大，与地面车流交织情况严重，如图 2 所示。

图 1 路口位置概况图

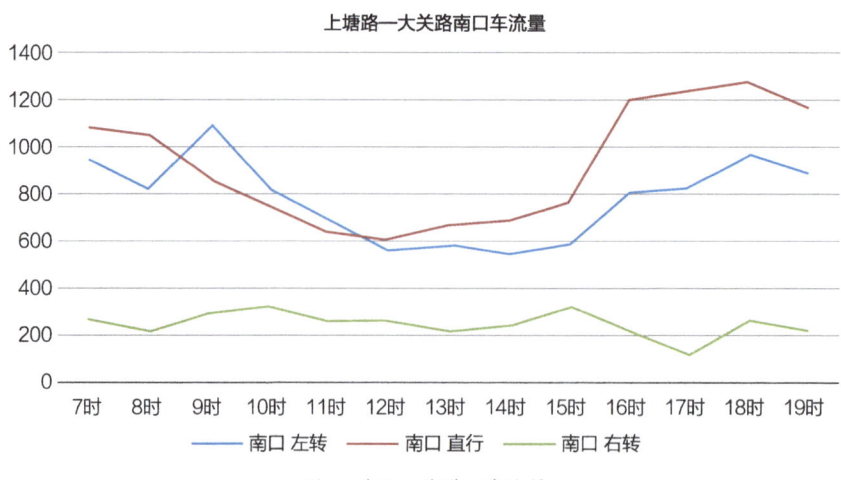

图 2 交叉口南进口车流量

路口存在的主要问题如下。

1. 高架下匝道车辆与地面车辆交织严重，通行效率较低

由于上塘路—大关路交叉口南进口地面车辆可以提前进入右转车道，故上塘路地面车辆从左侧三车道进入外侧车道，高架下匝道进入左转车道的车辆存在交织，导致路口出现事故多发、通行效率降低、直行排队较长等情况，如图 3 所示。

图 3 地面车辆与下匝道车辆交织示意图

2. 信号放行效率较低

该路口南进口为上塘高架南向北下匝道，距离路口停止线 260m，现状为设置了 3 个左转车道，南进口单放后接南向西左转，绿灯时长合计 60s（全放绿灯 33s，南向西左转绿灯 27s），如图 4 所示。单放相位绿灯结束时，路口左转车流已基本放空，下匝道左转车流再次到达路口则会出现"断流"现象，如图 5 所示。

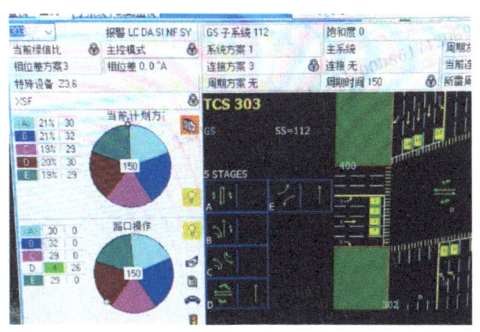

图 4　优化前信号控制相位　　　　　　　　图 5　左转放行效率较低

优化思路

➢ 针对匝道下行车流和地面车流交织严重的情况，设置"全可变车道"，合理划分车道功能匹配各向流量，减少车流交织，提高时空利用效率。

➢ 针对放行"断流"的情况，优化信号控制方案，提升运行效率。

优化措施

1. 设置全可变车道，设计多套车道配置方案，匹配实际通行需求

通过分析该交叉口全天流量变化，发现直行车流量与转向车流量呈现一定的互补性，为有效减少下匝道左转车辆与地面直行、右转车辆的冲突，将上塘路—大关路交叉口南进口设置为"全可变车道"。根据 GA/T 527—2016《可变导向车道控制规则》中的规定，该交叉口满足设置可变导向车道的条件。具体详见图 6 所示。

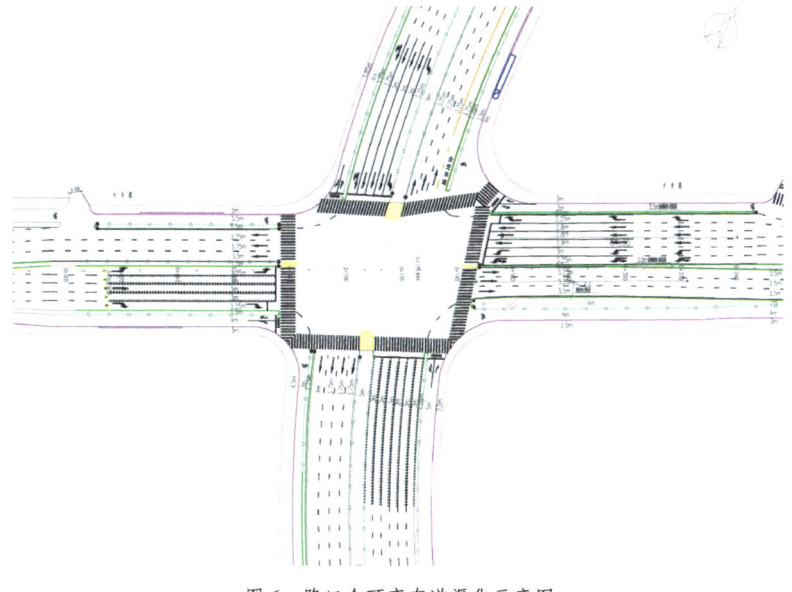

图 6　路口全可变车道渠化示意图

可变方式共分为 5 种，具体如图 7 所示。

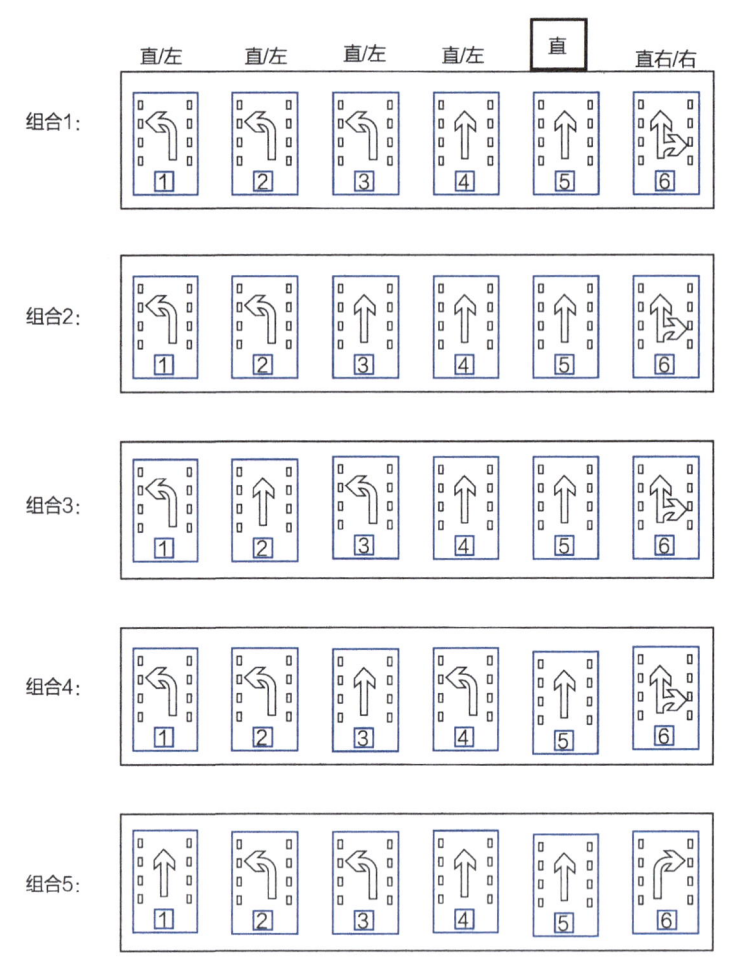

图 7　全可变车道组合方案

2. 信号相序调整为左转间隔放行，缓解"断流"情况

将信号相序调整改为：南进口单放—南北直行—南北左转。左转车辆由原来连续通行调整为间隔放行，即单放相位结束后，放行南北直行相位，间隔时间用于左转车辆再次蓄车，减少绿灯空放，提高路口通行效能。

实施效果

上塘路—大关路交叉口改造之后总体运行情况良好，交通运行状况由原先的 F 级优化为 E 级，排队长度有所下降，同时信访情况也有所下降，图 8 为优化之后交叉口排队长度情况。

"全可变车道＋二次放行"化解交织拥堵

图8　优化后排队长度情况

039

右转控制减少上匝道区域合流冲突

案例简介

针对车辆合流困难，机非冲突严重等问题，泉州市江滨南路—站前大道交叉口通过增设右转控制，提前分流掉头车流等措施，有效解决了右转安全隐患，提升了路口放行效率。

现状情况及问题分析

江滨南路—站前大道交叉口位于鲤城江南片区，江滨南路是连接南安与市区的重要通道。路口北衔接黄龙大道高架路，连接北峰片区，南有建发、源昌、延陵等多处住宅小区、工业园区、大型企业等交通吸引点，高峰期间车流、慢行交通流量均较大，机非冲突严重，如图1所示。

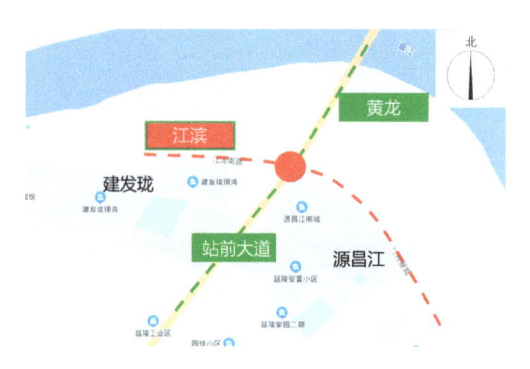

图 1　路口地理位置示意图

1. 慢行系统设施建设不完善

江滨南路—站前大道交叉口和东西两侧进口的非机动车道并入人行道处，未设置无障碍坡道，非机动车骑行困难，导致机非混行，如图2、图3所示。而交叉口高峰期间交通流量大，特别是东侧右转车流量最大，机非冲突严重。此外，江滨南路中央绿化带末端绿植过高，影响对向车辆视线，无法看清二次过街安全岛上非机动车的行驶情况，影响驾驶人的判断反应。

图 2　路口未设无障碍坡道　　图 3　路段未设护栏及坡道

2. 东进口右转半径小，存在转弯视线盲区

交叉口北边受黄龙大桥桥下位置限制，出口仅为两车道，东进口右转半径仅 13m，行车视野狭窄，大货车转弯困难，容易引发交通事故。同时，东进口现状为两条右转车道，转弯车流与北出口车流交织冲突，效率较低，如图 4、图 5 所示。

图 4 东进口右转半径小视线受阻　　图 5 北出口车辆汇入效率低

3. 南进口交通组织不合理

根据路口观察实测，晚高峰南进口左转车流量为 232pcu/h，南直行车流量仅为 48pcu/h，且左转车辆中 80% 为掉头车辆。南进口现状绿灯时间无法满足掉头车辆所需的通行时间，放行效率较低，如图 6、图 7 所示。

图 6 南进口掉头车辆较多　　图 7 高峰期间西进口严重拥堵

4. 现状配时与交通运行不匹配

现状晚高峰西进口高峰小时流量为：左转 480pcu/h、直行 536pcu/h，而绿信比为 0.22，拥堵最大排队长度达 470m。交通流量与放行时长不匹配，导致西进口车辆早晚高峰拥堵严重，致使车辆在路口多次排队，影响通行效率。

优化思路

> - 针对慢行通行系统不完善，采取设置隔离设施分隔出完整的通行路径。
> - 针对右转上匝道转弯困难，合流交织严重，采取信号控制，分离冲突。
> - 针对信号控制效率低下，提前分流掉头车流，精细信号配时方案。

优化措施

1. 路口交通组织优化

1）完善慢行通行系统。在路口及路段非机动车并入人行道处增设无障碍坡道和防撞柱，在路段增设隔离护栏隔断机非混行，打造完整的非机动车行驶路径。同时，在路口二次过街安全岛增设船型端头，提高行人和非机动车过街安全性，如图8所示；修剪降低绿化带端头绿植高度，确保驾驶人行车视线清晰，保障行人和非机动车过街安全。

图8　安全岛加设船型端头

2）东进口右转增设信号控制。东进口右转增设箭头灯，以信号控制的方式分离合流冲突及机非干扰。北出口增设线形诱导标志和盲区预警标志，弥补地形环境带来的视线不足，最大限度提升驾驶人的警觉，减少因转弯视线及视觉盲区带来的安全问题，如图9、图10所示。

图9　增设线形诱导标志　　　　图10　盲区预警标志

3）南进口增设提前掉头开口。在南进口提前开设掉头区域，掉头车道设置为8m宽，确保大型车辆可以顺畅掉头。同时在对向压缩中央绿化带开辟掉头过渡车道，辅以路面向右汇流标志，减小掉头车辆与对向车辆的冲突，保证通行安全，如图11所示。

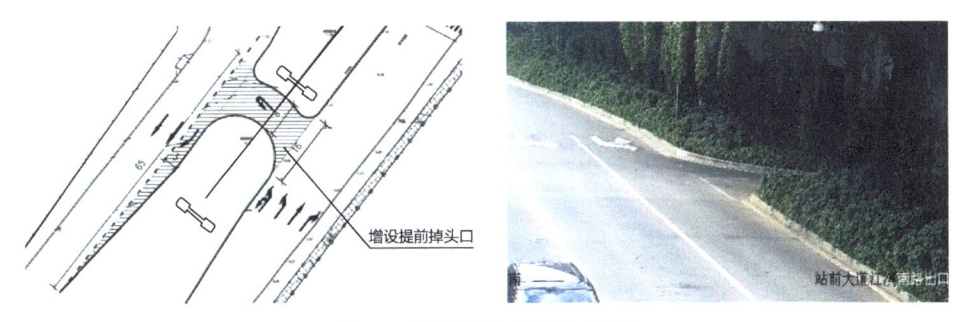

图 11 调头区设计及现状实施图

2. 精细化路口信号配时

1）调整高峰配时方案。根据路口流量和车道信息优化高峰配时方案。综合考虑东进口右转控制和慢行过街需求，利用二次过街安全岛，对慢行实现二次过街，既减小了冲突，又保障了通行效率，如图12、图13所示。

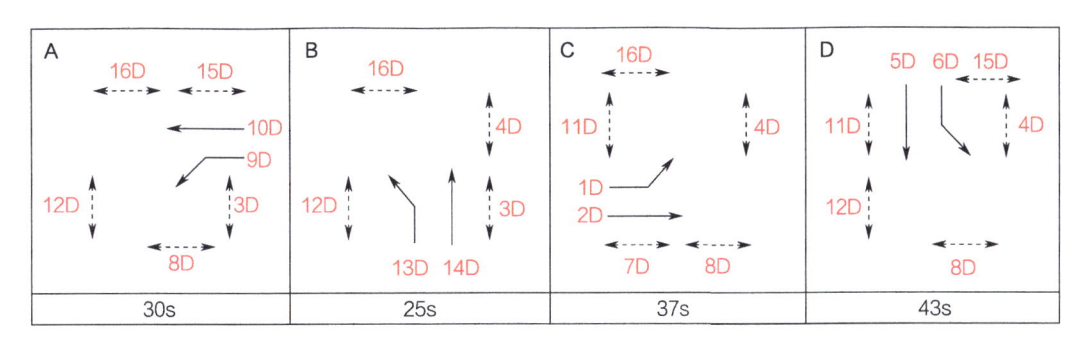

图 12 原高峰配时方案

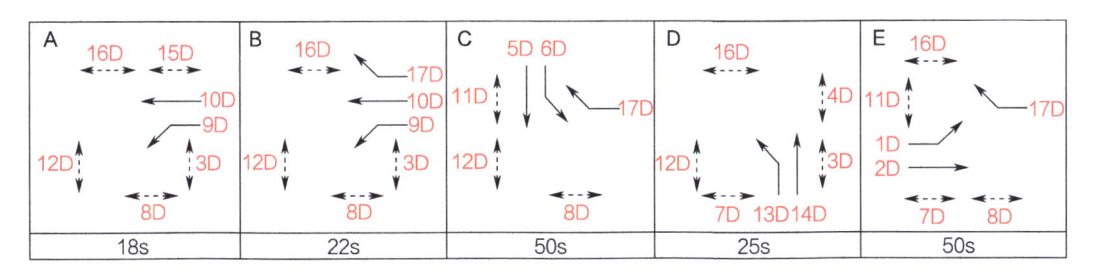

图 13 优化后高峰配时方案

2）增设控制时段和方案。路口原信号方案为4个时段4个方案，现根据全天运行情况，优化增设为11个时段7个方案，以更好地匹配实际交通流量。

实施效果

通过设置无障碍坡道、清除绿化障碍、提前开辟掉头车道、增设右转信号灯控，同步优化路口信号配时，有效提升了路口的安全系数和通行效率。

1. 慢行交通路权得到保障

路口聚焦非机动车专用道存在的不安全、不连续、不便捷、不舒适等问题，完善非机动车道，减小机非冲突。设置船型端头和防撞柱，保障慢行交通过街安全，绿化修剪改善了路口视线。慢行保障设施自改造投入使用以来，受到了众多市民的一致好评。

2. 右转交通秩序改善

东进口增设右转信号灯后，车辆驾驶人进入路口后先停稳、再瞭望，在确保安全后再起步。停车等待的时间，不仅可以确认路口行人和非机动车通行状况，而且分离了车辆合流冲突，使路口机非运行更为有序，安全，如图14所示。

图14　东进口增设右转箭头灯

3. 南进口掉头效率提升

掉头车辆作为南进口的主要流向，由原来的利用左转相位掉头转变为不受灯控，大大提高了掉头车辆的通行效率。同时南进口绿灯时间可调整为最小绿灯时间，在高峰期间发挥了取长补短的效果，进一步提升了整个路口的通行效率，如图15所示。

4. 排队长度大大缩短

通过划分多时段，完善配时方案，平衡各方向的排队长度，使路口方案与交通流量更匹配，提高路口通行效率。西进口排队长度由原来的470m下降为60m，提升效果显著，如图16所示。

图15　开辟掉头开口后南进口车辆清空 　　图16　高峰西进口拥堵显著缓解

"均衡交通负荷"缓解下匝道交通拥堵

案例简介

针对下匝道路口交通压力大，拥堵严重，排队回溢等问题，济南北园大街与历山路交叉口通过下匝道车流禁左，同步完善周边交通运行条件，提前分流引导，均衡交通压力，提升了整体运行效率，实现了道路资源效益最大化。

现状情况及问题分析

北园大街与历山路交叉口位于济南市天桥区，是北园高架快速路与主干路历山路的交汇点，也是北园高架距离市区最近的下桥口，如图1所示。路口连接山东大学第二医院、顺河高架、大明湖景区、二环东高架路等重要单位或道路，承担着城区重要的交通转换功能。路口东进口衔接了北园高架下行匝道，交通流量大，早晚高峰呈现常态化交通拥堵状态，成为周边路网及北园高架快速路的交通运行瓶颈。

图1 北园大街与历山路交叉口区位图

1. 路口容量不足，供需矛盾突出

路口高峰时段东向西流量达到 2786 pcu/h，南北向流量达到 2469 pcu/h，加之北园高架快速路匝道接入点距离路口较近，交叉口消散能力不足，高峰时段拥堵严重，如图 2 所示。

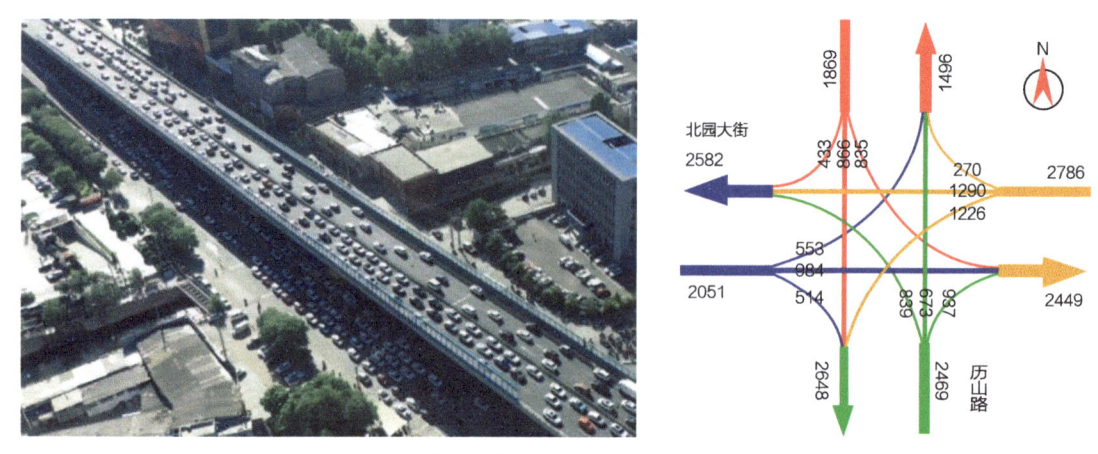

图 2　北园大街与历山路交叉口流量情况

2. 车道布局不合理，车流干扰严重

高架下桥车流量较大，其中左转车辆约 800 pcu/h、直行车辆约 900 pcu/h。下桥左转车辆将两条左转车道排满后，桥上直行车辆"堵"在高架桥上，下桥右转车辆从直行车道排队向右变道，直行车道出现"真空区"，影响下桥车辆正常通行，且造成道路资源浪费，如图 3、图 4 所示。

图 3　东进口实拍图　　图 4　东进口流量统计

3. 转向交通需求大，交通延误较大

北园大街、历山路作为东西向与南北向重要干道，高峰时段各方向流量均已饱和，北园大街与历山路口东、西方向分别与北园立交桥、全福立交桥相连通，南北方向转向交通需求大，高峰期间单车道排队车辆超过 30 辆，如图 5~图 8 所示。

图 5　南进口右转排队长度

图 6　西进口排队长度

图 7　东进口右转排队长度

图 8　北进口排队长度

优化思路

➢ 针对衔接路口交通压力集中，灵活禁左，减少车流交织冲突。下桥车辆禁止左转，提高下桥车辆直行通行能力。

➢ 针对车道设置不合理，交织严重，调整车道分布，均衡进口车流分布。设置隔离护栏分离下桥、地面车流，减少车辆交织影响，保障道路通行安全。

➢ 时空融合，深度挖掘道路资源。车道功能优化＋待行区诱导"组合拳"出击，提高路口通行能力。

➢ 诱导管控，明确交通路权分配。信号配时优化，均衡路口各方向通行需求，提高路口通行效率。

优化措施

1. 灵活禁左，减少车流交织冲突

1）东进口下桥禁止左转，引导车辆绕行七一路、板桥路两个节点分流行驶，充分利用周边节点分担北园大街与历山路口交通压力，如图9、图10所示。

图9 绕行流线图　　图10 禁左提示标志

2）桥上、桥下增设隔离护栏，消除车流交织冲突现象。东进口车道功能从内向外调整为：桥下BRT、左转、直行、隔离护栏、直行、直行、直行、右转，保障车辆安全有序行驶，如图11所示。

3）西进口优化车道功能，设置"双排左转"车道，车道功能自左向右分别为BRT、左转、左转、直行、直行、直右、右转，满足地面车辆左转需求，如图12所示。

图11 东进口优化后实拍图　　图12 西进口优化后车道功能示意图

2. 车道"调流"，均衡进口车流分布

1）打开护栏开口，将桥下直行车流分流至主线，进一步均衡车道车流分布，缓解交通拥堵，如图13所示。

2）七一路东进口通过车道"瘦身"增加1条掉头车道，东进口采用阶梯状停止线，车道功能布置为：BRT、掉头、直行、直行、掉头、直右，设置双排掉头车道，满足东进

图13 东进口优化后实拍图

口禁左后绕行需求，如图14、图15所示。

图14 改造前

图15 改造后

3）利用现状中央分隔带开辟一个外侧掉头通道，实现2条掉头车道空间分离，均衡进口掉头车辆分布，保障车辆安全，如图16所示。

图16 改造后

4）对北园大街与七一东进口、北园大街与历山西进口、北园大街与历山南进口、北园大街与航运路东进口等进行车道功能优化调整，满足各转向交通流需求，如图17~图20所示。

图17 北园大街与七一东进口改造

图18 北园大街与历山西进口改造

图19 北园大街与历山南进口改造 　　　　图20 北园大街与航运路东进口改造

3. 时空融合，深度挖掘道路资源

1）北进口增设直行、左转可变车道，根据道路车流情况更改可变车道的行驶方向，通过可变车道诱导屏，引导车辆通过可变车道通行，使车道资源利用率最大化，满足北进口不同时段、不同转向交通需求，缓解北进口交通拥堵，如图21、图22所示。

图21 可变导向车道标线设计 　　　　图22 可变导向车道标志牌设计

2）南进口增设左转、直行待行区，充分利用信号控制提高南进口通行效率。南进口增设待行区二级诱导屏，诱导直行、左转进入待行区待行，在信号周期内最大限度利用路口内部空间资源，如图23~图26所示。

图23 南进口增设左转、直行待行区

图 24 南进口待行区二级诱导屏

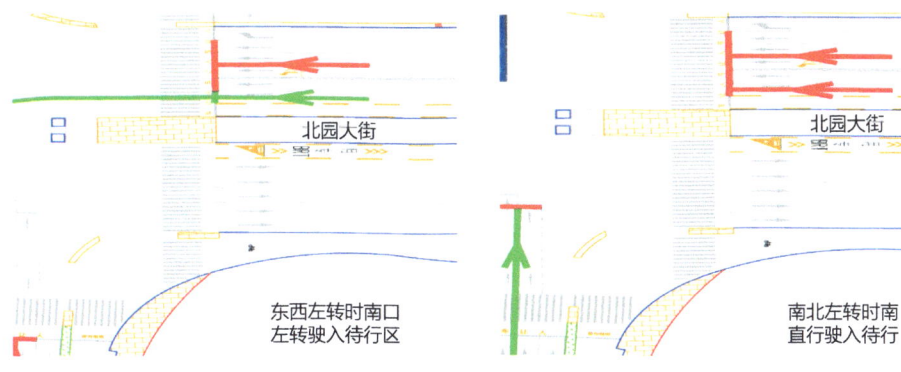

图 25 左转待行诱导示意图　　　　图 26 直行待行诱导示意图

4. 完善引导，明确交通路权

1）借助电警杆件安装"下桥车辆禁止左转"及"前方 500m 掉头"指示标志，便于驾驶人准确、及时获取道路信息，如图 27、图 28 所示。

图 27 下桥禁止左转标志牌实拍图　　　　图 28 地面禁止左转标志实拍图

2）在东侧航运路行人过街斑马线处，增设"前方路口直行车辆右转车辆"靠右行驶标志。辅道施划"直右"导向箭头，航运路东进口最外侧"右转"车道功能调整为"直右"，诱导直行车辆选择辅道行驶，分流前方路口地面直行压力，如图 29~ 图 31 所示。

图 29 增设右转车辆进辅路标志

图 30 增设直行、右转进辅路标志

图 31 直行分流路线示意图

3）施划"虚实结合"标线，中间车道灵活使用，提高道路资源利用率。增设右转礼让行人待行区，提升交通文明意识，如图32、图33所示。

图 32 东进口标线实拍图

图 33 东进口右转礼让行标线实拍

实施效果

路口改造完成后，通过与往年同期数据进行对比，发现路口实施改造前后改善效果明显，主要体现在以下方面。

1. 市民投诉件数量明显降低

路口改造后交通违法投诉由往年 24 件下降至 10 件，降低了 58.3%。

2. 路口拥堵指数明显降低

早高峰拥堵指数由 1.97 降低至 1.36，下降了 31%；晚高峰拥堵指数由 2.11 降低至 1.73，下降了 18%；平峰拥堵指数由 1.47 降低至 1.33，下降了 9.5%。

3. 事故率明显降低

交通事故数由 19 起下降至 4 起，同比优化前下降了 78.9%。

4. 通行效率明显提升

路口整体通行能力提升，排队长度大幅缩减，周期内通过车辆数大幅增加。根据数据检测平台与实际跟踪调研分析，路口车辆延误指数由 109.58s 降低至 69.48s，降低了 36.6%；车辆排队长度大幅缩减，由 201m 降低至 148m，降低了 26.4%；平均停车次数 1.3 次降低至 1 次，降低了 23.1%，二次排队现象基本消除。

5. 东进口交通秩序改善，通行效率提升

根据实际跟踪观察，东进口下桥左转车辆与地面右转车辆交通干扰基本消除；根据流量调研分析，高峰小时内最大通过车辆数大幅增加，由 1902pcu/h 提升至 2241pcu/h，路口通行效率提升了 17.8%。

环形交叉口通行能力提升

环岛交叉口运行流线精细化设计

增设信号控制提升进出城环岛通行能力

区域信号协调控制缓解环岛交通压力

多路交叉环岛改建为信号控制十字路口

环形交叉口通行能力提升

环形交叉口又称为"环岛""转盘",其交通结构表现为在交叉口中央设置一个中心岛,使所有的直行、左转、右转车流均绕中心岛作逆时针单向行驶,规避了交叉路口内部的直接冲突点。环形交叉口按控制方式可以分为两种类型,无信号控制的环形交叉口和信号控制环形交叉口。环形交叉口在早期都是采用无信号控制模式,但是随着流量增加,环形交叉口逐渐出现了拥堵问题,因此才出现了信号控制模式。

环形交叉口作为一种常见的路口组织形式,简单灵活,优点在于:**一是冲突小**,环道上行车仅有分流和合流两种形式,车辆行驶的连续性好;**二是控制方法简单**,一般小型环岛交叉口采取让行控制、不需要设置信号灯进行管理,通行效率高;**三是可作为城市景观**,其中心岛可进行绿化装饰、设置城市文化地标等,可以起到美化城市景观的作用。

但随着出行需求的大幅提升,环形交叉口的问题也不断显现:**一是通行秩序混乱**,由于环岛一般不设信号控制,进出环岛的分流、汇流交织冲突严重,有的环岛形状是不规则环形或是多路交叉,导致交织段较短,加大了行驶难度;**二是通行能力无法满足需求**,由于环岛的通行能力有限,很多环岛设置往往设置在城市重要的交通节点处,流量大更易发生拥堵;**三是对于慢行交通不友好**,慢行交通过街距离显著增加,体验感不佳;**四是左转车流通行效率不高**,左转车辆需绕环岛行驶,通行效率低,清空时间长,这也使得信号控制环岛效益不高。

环形交叉口交通优化应根据实际运行情况,综合考虑交叉口所处的区位、改建成本、慢行交通等因素,综合施策、一体优化。核心目标在于**控制进入环岛车流、提升通行能力、改善通行秩序**。一般可采取以下几类措施渐进性提升优化。

首先,结合环岛结构特点完善渠化组织,做好车道分配,流线优化,合理组织右转、掉头车流的通行方式,减小进入环岛内通行的车流大小。大型环岛要注意保障慢行交通安全和通行便利,可利用行驶轨迹形成的中央区域为慢行过街提供庇护,条件允许时可设置行人二次过街信号控制。多路交叉的复杂环岛尤其要注意对于路径的指引,提前设置指路标志,并通过导向箭头及路面文字进行指引,防止车辆因为决策思考而停车犹豫,对路口运行产生不利的影响。

其次,考虑调整环岛的控制方式,当存在很难消除的安全隐患或者通行秩序较乱时,可考虑实行信号控制。信号控制的方式根据环岛的大小确定,一般较小的环岛可仅控进口,当环岛复杂度及车流量较大时,可采用双重控制,即同时控制进口和出口。当环岛位于交通流量集中的城市中心区时,单纯对环岛进行控制,很难达到优化效果,此时可将环岛和周边相邻节点作为整体,通过对外围节点进行"截流"的方式,弥补环岛在较大流量情况下运行效率的不足。

当上述措施无法起到效果时,建议对路口进行工程改造,将环形交叉口改造为标准十字交叉口。值得注意的是,环形交叉口治理以交通渠化和信号控制提升运行效率、挖掘通行潜力为优化治理的首选,工程改造应为治理的最后措施,工程改造比较适用于优化困难的多路交叉环岛、非标准的畸形环岛等。

环岛交叉口运行流线精细化设计

案例简介

针对环岛运行流线不畅，通行效率低下的问题，齐齐哈尔市通北路五岔畸形环岛交叉口采用"涡轮环岛"的设计理念，优化行车路径，减少冲突点，提高了通行效率，保障了过街安全。

现状情况及问题分析

环岛路口位于齐齐哈尔建华区东北方向，由站前北大街、通北路及双华路相交形成五岔畸形环岛交叉口，通北路东侧方向为铁路跨线桥连接，该路口是城市对外交通运输的重要节点，货车通行需求集中，如图1所示。

图1 本案例五岔畸形环岛交叉口位置图

根据现场交通流量调查，该环岛高峰小时交通流量在 1200~1500pcu/h；其中通北路、通北桥与站前北大街为车流行驶的主要方向，共占总流量的 86%。且主流向车流中的左转车辆占比较大，高峰时段车辆在环岛内"囤积"现象严重，如图2所示。

图 2　高峰流量分布图

现状主要存在以下问题。

1. 接入道路等级较高，环岛内部通行效率低

该环岛各方向接入道路等级较高，为了与通行车流相匹配，环岛内部设置了 4 车道，致使冲突点数量大大增加。且交织段长度不足，各车道利用率不均衡，最内侧车道利用率较高，最外侧车道利用率较低，内侧车道相对拥挤，环岛内部通行效率很低。

2. 货车通行需求高，影响其他车辆正常通行

该环岛是城市对外交通运输的重要节点，有较高的货车通行需求，其交通量约占总流量的 30% 左右。由于货车车身较长，在环岛内多次变道时严重影响其他车辆的正常行驶。

3. 驶入环岛车速快，事故率较高

各道路进入环岛车速均较快，尤其是通北铁路跨线桥方向，平均车速可达 50km/h 以上。据事故统计资料，自 2020 年 1 月至 2021 年 7 月，该环岛共发生 49 起交通事故，其中伤人事故 6 起，一般事故 43 起，共造成 9 人受伤。其中，通北铁路跨线桥方向的交通事故更是多达 18 起。

4. 非机动车路权缺失，行人过街困难

环岛占地面积较大，行人过街距离较长，驻足空间设置不合理，现状未考虑非机动车的骑行路径，路权缺失，且右转车辆与慢行交通冲突严重，安全隐患突出。

优化思路

➤ 针对行驶轨迹复杂，路口运行不流畅的问题，采用"涡轮环岛"的设计理念来缓解多车道环岛冲突的问题。设置"围裙"，建立环岛安全缓冲区。

➤ 针对环岛通行压力较大，交织严重的问题，提前分流右转车辆，明确行车轨迹，减少变道冲突，提高通行效率。

➤ 针对慢行过街体验差，存在安全隐患的问题，合理设计非机动车骑行路径，明确路权；调整行人过街流线，明确行人驻足区，保障慢行交通的过街安全。

➤ 针对行驶车速过快的问题，采用文字提示、视觉诱导等措施对通北铁路跨线桥方向进行降速控制，保证行车安全，降低事故风险。

优化措施

1. 采用涡轮环岛设计理念，构造放射性螺旋线，优化行车路径

环岛车道的几何形态是由内向外的放射性螺旋线构造，形似"涡轮"。车辆进入环岛和换道的位置被固定在最合理的位置，用以减少传统环岛带给驾驶人带来的驾驶复杂度，从而提高通行效率，如图3所示。

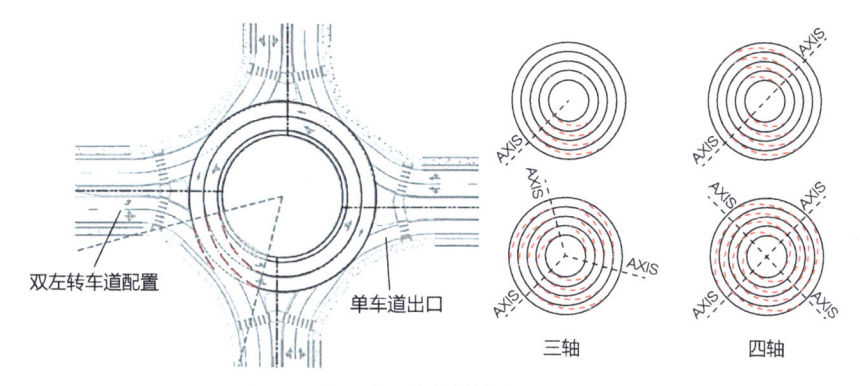

图3 "涡轮环岛"放射性螺旋线设计理念图

以环岛三个主要交通流向（通北路、站前北大街及通北桥）进行螺旋轴线设计，明确进出环岛的行车动线，减少车辆变道次数，降低驾驶人行车的复杂程度，如图4所示。

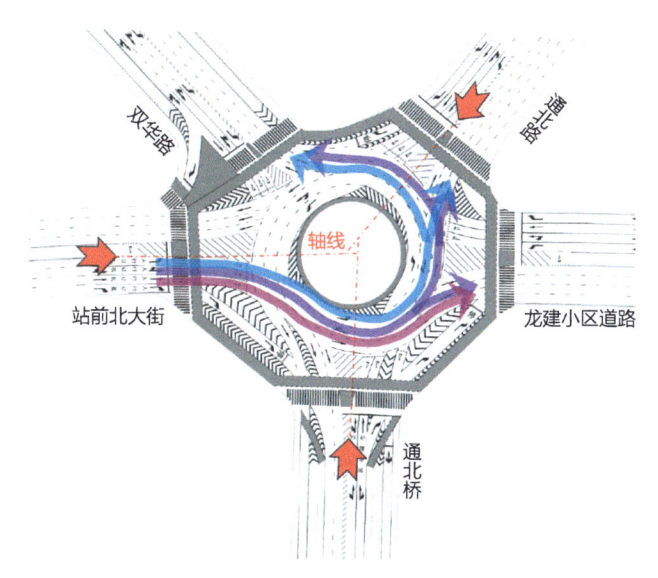

图4 案例放射性螺旋线设计图

2. 设计环岛"围裙"，建立安全缓冲区

设置2m宽环形红色"围裙"，提供安全缓冲区域，通过渠化调整进入环岛车辆的行驶角度，从而迫使进入环岛的车辆主动减速，如图5所示。

图5　环岛围裙设计图

3. 引导车辆提前分流，明确左转路径

在进入环岛前设置导向箭头与分车道指示标志，引导车辆提前分流。岛内环道增设导向箭头，左转车辆需按照箭头指示的车道行驶，从而减少在环岛内的变道次数。右转车辆提前分流，不绕行环岛，减少冲突，提高环岛内车辆通行效率，如图6所示。

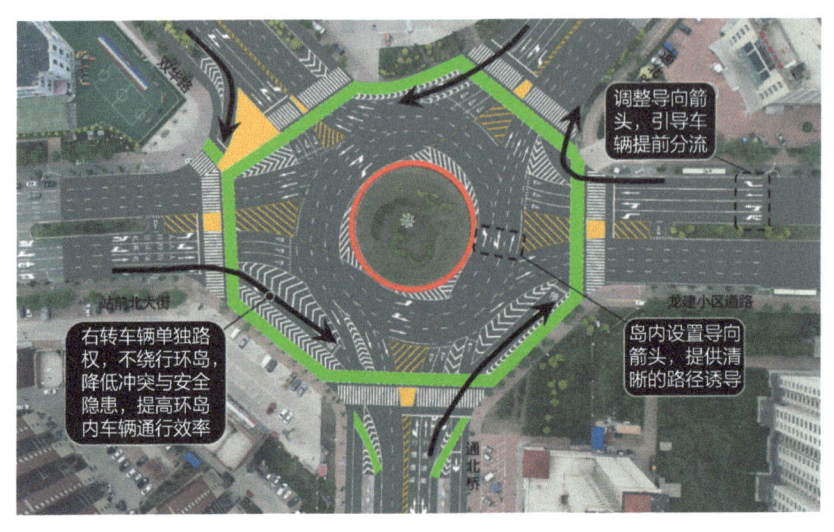

图6　车辆分流设计图

4. 完善非机动车与行人的通行空间

设置4m宽环形非机动车车道，完善行人驻足空间，并采用彩色路面突出行人与非机动

车路权，右转车辆设置安全缓冲区，保障非机动车与行人的过街安全，如图 7 所示。

图 7　慢行过街路径设计图

5. 下桥口设置降速措施，提醒驾驶人减速慢行

在下桥口处设置纵向减速标线，并配合"减速慢行"的地面文字，同时在入口车道线处设置弹性反光柱，进行视觉诱导降速，如图 8 所示。

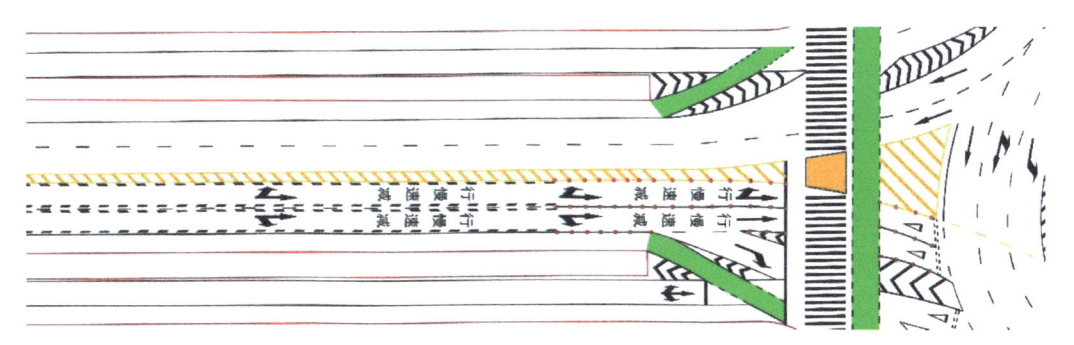

图 8　下桥口降速措施设计图

6. 制定疏导对策，加强宣传与管理

为达到提升路口运行顺畅的目标，除了前期要加大力度宣传，同时也要求交警部门现场指挥与疏导，主要举措如下。

1）充分利用齐齐哈尔市交警队微信公众号、抖音及广播电台等媒体，第一时间发布路口改造方案，并详细介绍采用"涡轮环岛"设计理念的目的与好处。对交通组织规则、行车指南等内容，以动图或视频方式清晰展示，充分发挥宣传引导作用。

2）在交叉口运行初期，配备警力对车辆进行引导，要求按照地面导向箭头的指示行驶，加强驾驶人对设计方案的理解。

3）在此基础上，对违法停车、压线行驶、逆行等严重影响路口通行秩序与安全的违法行为，持续开展治理。

实施效果

通过以上措施，主要改善了以下 3 个方面。

1. 冲突点减少

方案实施后环岛冲突点由 75 个降低到 45 个，减少了 30 个冲突点，如图 9 所示。

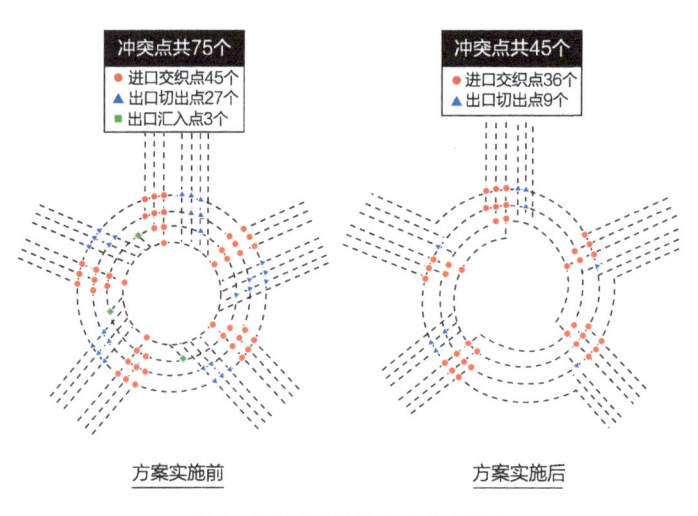

图 9　方案改造前后冲突点对比图

2. 通行能力提升

方案实施后，高峰期间环岛通行能力可由 1500pcu/h 提升至 1800pcu/h，增长 20%。

3. 事故数目大幅度降低

方案实施近 8 个月内，仅出现 9 起轻微刮碰的简易事故，事故起数较去年相比下降了 80%。

方案实施前后实况对比如图 10、图 11 所示。

图 10　改造前环岛航拍图

图 11 改造后实拍图

增设信号控制提升进出城环岛通行能力

案例简介

针对环岛内交通冲突严重，通行能力不足等问题，连云港出入城多路交叉环岛通过增设信号控制、区域协调控制、右转及掉头车辆提前分流等方式，减小了内部冲突，提升了运行效率。

现状情况及问题分析

郁海广场环岛始建于 2000 年，位于连云港市主城区南部，由瀛洲路、郁洲路和海宁路三条主干道交叉形成，如图 1 所示。环岛直径约为 170m，环岛内设置有 3 条车道。环岛为重要的进出口节点，高峰期间拥堵严重，且通行秩序混乱。

图 1 环岛所处区位

路口存在的主要问题如下。

1. 进出城关键节点，交通流量大

郁海广场环岛周边有住宅区、工业区和大型医院、学校等交通生成及吸引较大的建筑项目，距离 G25 高速宁海收费站出入口仅 5.5km，是连接外围高速和城区主要道路的重要节点。据统计，郁海广场环岛每天机动车流量达 6.6 万余辆次，早晚高峰期间近 6000pcu/h，导致环岛内交通拥堵严重，交通事故频发。

2. 冲突点多，交通秩序混乱

三条主干路接入环岛共计 6 个进出口，在环岛内部形成 6 个交织区，导致进出环岛机动车之间冲突明显。特别是高峰期间，车流交织严重，加之环岛进出口处机非冲突，环岛内外交通秩序较为混乱，如图 2 所示。

3. 排队蔓延，交通拥堵严重

高峰期间，环岛瞬时交通量急剧增加，通过计算及流量调查，环岛各个交织区的高峰小时流量为 2735pcu/h，饱和度达到 0.9，为四级服务水平，交通严重拥堵，经常发生交通中断情况，如图 3 所示。同时，外围交叉口距离环岛较近，驶离环岛的车流疏散不畅，进一步加剧了环岛内部拥堵。

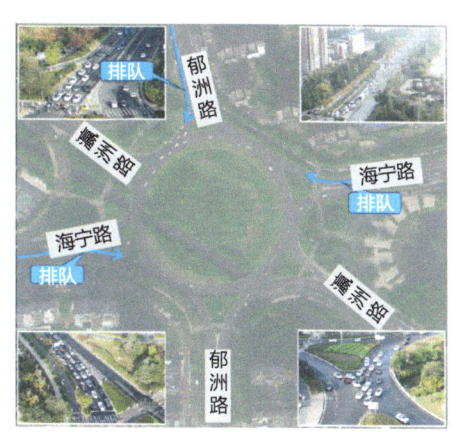

图 2　环岛内部秩序混乱冲突严重

图 3　高峰期间拥堵严重

4. 缺乏指引设施，交通事故频发

由于高峰期间环岛内外交通拥堵、秩序混乱，"因乱致祸"现象屡屡发生。加之进出环岛位置缺少相关指路标志，影响驾驶人正确判断，车辆紧急制动、频繁变道导致事故多发。根据统计，近年来每年环岛发生交通事故可达 120 余起，远超其他关键路口。

优化思路

➤ 针对环岛内冲突严重的问题，设置信号控制，精细配时，提升环岛内部通行效率。

➤ 针对交通流量大，拥堵蔓延的问题，上下游信号路口协调，控制进入环岛的车流速度，避免通行压力集聚。

➤ 针对缺乏指引，事故频发的问题，完善标志、标线等设施，加强车流指引。

优化措施

1. 增设交通信号灯

为解决进口道车辆与环岛内车辆的交织冲突问题，在环岛的 6 个进口处安装信号灯，并采用三阶段放行的方式，"正三角方向"轮流放行，并同步建设"电子警察"设备。通过信号调节控制进入环岛的车流量，减少环岛内的车流量和交通冲突点，改善环形路口通行秩序，如图4、图5所示。

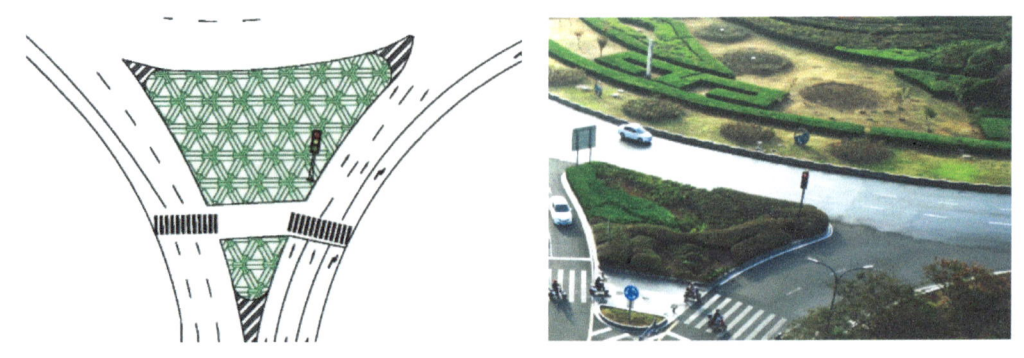

图4 环岛进口安装信号设备

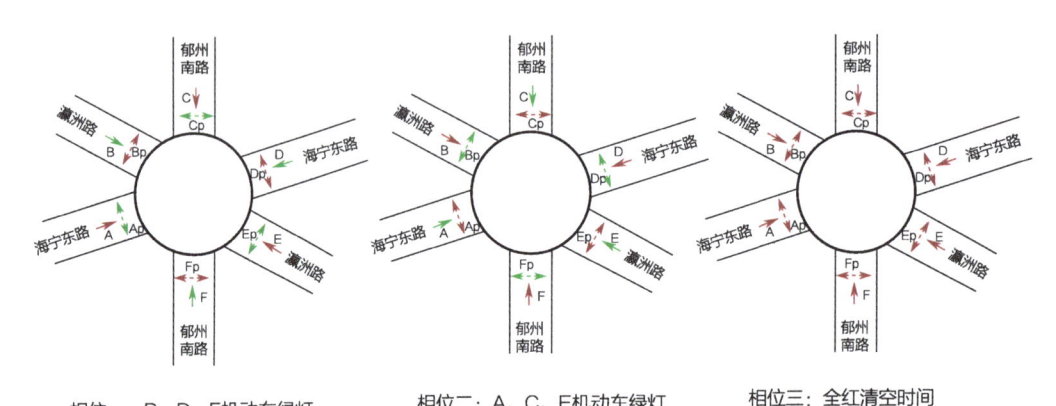

相位一：B、D、F机动车绿灯
　　　　A、C、E行人灯绿灯
　　　　33s绿灯+3s黄灯

相位二：A、C、E机动车绿灯
　　　　B、D、F行人灯绿灯
　　　　33s绿灯+3s黄灯

周期共计80s

相位三：全红清空时间8s

图5 环岛交通信号控制方案

2. 协调控制上游交叉口交通信号

对环岛上游的6个信号控制交叉口和环岛交通信号进行协同控制，间隔放行进入环岛车流，减少高峰期间环岛内部交通流量，如图6所示。

3. 优化环岛交通组织

调整环岛进口车道箭头标线，设置右转专用道，在环岛各进口上游增设分道标志，提示海宁中路西进口、郁州南路南进口和海宁东路东进口右转车辆，提前进入最外侧车道，通过环岛内右转专用道通行，提高通行效率。在瀛洲路北进口与海宁中路西出口之间增设虚实线，减少车流冲突点，规范通行秩序，如图7、图8所示。

图6 环岛周边交叉口信号协调控制图

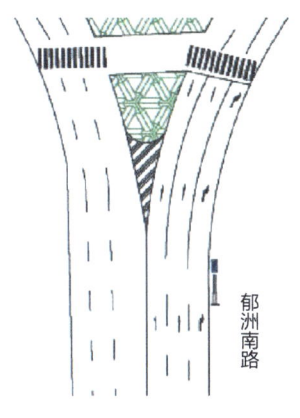

图 7 环岛进口安装标志牌　　　　图 8 环岛地面标线优化图

4. 设置提前掉头开口

在郁洲南路北进口和瀛洲路南进口增设掉头开口，并完善交通标志标线，避免车辆因掉头进入环岛，缓解环岛内部通行压力，如图 9 所示。

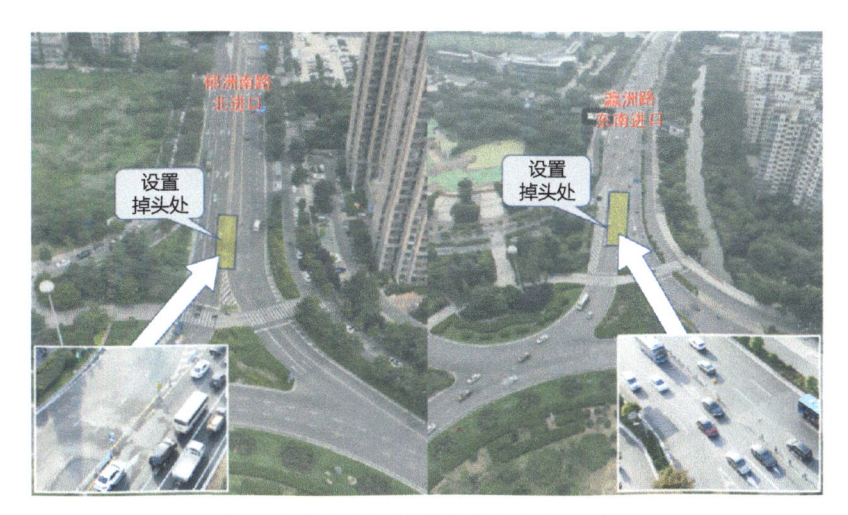

图 9 郁洲南路和瀛洲路提前掉头开口示意图

实施效果

高峰期间，进入环岛车流量得到有效控制，车流交织冲突点明显减少，环岛内部车流通行有序，进出环岛机动车和行人、非机动车冲突有效降低，环岛交通运行状况显著改善，交通事故大幅减少。

区域信号协调控制缓解环岛交通压力

案例简介

针对中心城区环岛车流快速集聚，承载能力不足的情况，临汾市鼓楼环岛通过对各方向上游路口交通信号进行协调控制，实现了"智能控制"，有效缓解了高峰期间的交通拥堵状况。

现状情况及问题分析

鼓楼环岛位于临汾市区中心，南北向为鼓楼南北大街、东西向为鼓楼东西大街，是城市交通主干道的重要节点，如图1所示。环岛内部有鼓楼建筑，是临汾市地标性建筑物，外围有小型广场。环岛西侧有临汾市第一小学、临汾一中，上下学接送车辆较多。周边交通吸引量大，且环岛内车流交织严重，通行能力不足，早晚高峰拥堵严重。

图 1 鼓楼环岛区位图

以鼓楼环岛为核心，周边相邻的4个交叉口分别为：鼓楼北街—解放路交叉口、鼓楼东街—体育街交叉口、鼓楼南街—贡院街交叉口、鼓楼西街—常兴中街交叉口。

1. 交通流量特征

周边4个路口全天总共有4个高峰时段。早高峰时段为7:30—9:30，晚高峰时段为

17:30—19:30。除此之外，分别在 12:00 与 15:00 左右出现短时午高峰。4 个上游交叉口中，鼓楼北街—解放路交叉口全天车流量最大，在高峰期间，鼓楼西街—常兴中街交叉口交通流量最大。

鼓楼北街—解放路交叉口东口方向与北口方向车流量较大，鼓楼南街—贡院街交叉口南北方向车流较多，鼓楼东街—体育街交叉口车流主要来自于东西方向，鼓楼西街—常兴中街交叉口平峰期间北方向车流量较多，高峰期间东方向车流较大，如图 2 所示。

图 2 上游路口全天小时车流量变化曲线

2. 现状信号控制状况

现状采用固定配时模式，上游 4 个路口中鼓楼西街—常兴中街交叉口控制方案最多，全天划分 9 个时段，6 套不同的方案配时。虽然时段与方案划分较详细，但是在固定时段内，每个周期的交通流量均动态变化，交叉口信号配时不能根据实际车流量的变化情况来调整绿灯放行时间，无法在有限时空资源内发挥最佳效益。

3. 交通运行情况

平峰期，路口存在绿灯空放现象，路口相位放行时间过长，增加了交叉口的延误时间。而在高峰期，四个进口方向均存在不同程度的绿灯时间过短，车辆二次停车等现象，多个周期的积累后，积压在交叉口进口道的车辆越来越多，进而引发长时间的交通拥堵。

鼓楼环岛交通拥堵主要发生位置位于鼓楼环岛西方向出口，主要集中在工作日早晚高峰，早高峰发生在 7:50 左右，晚高峰发生在 18:50 左右，拥堵持续时间大约在 40~60min。

优化思路

➢ 针对信号路口绿灯空放，配时方案不匹配实际流量的问题，设置流量检测器，实时优化控制方案。

➢ 针对环岛高峰期间流量集聚，承载能力不足的问题，将上游信号路口与环岛作为统一整体进行优化，上下游协调控制，减小高峰期间环岛交通压力。

优化措施

1. 采取单点交叉口智能控制

在鼓楼环岛上游 4 个方向的交叉口，每个方向均安装检测雷达，全方位实时检测车流量。根据检测雷达获取的车流信息，实时生成与车流量需求相匹配的控制方案，动态调节相位时间，达到秒级控制。在交叉口车辆饱和、超饱和状况下，通过减小绿信比降低排队长度，防止车辆溢出至上游交叉口，路口车辆非饱和状况下，减少绿灯空放和交叉口延误，避免出现车辆二次排队现象，实现"零空放、少截流"，使交叉口的通行效率最大化。

2. 环岛周边区域协调控制

在鼓楼环岛西出口位置安装检测雷达，用于实时监测该位置交通流状况，当环岛发生拥堵时及时采取针对性策略，如图 3 所示。当检测到排队车辆即将蔓延至鼓楼环岛内部时，及时结束上游交叉口对应相位，从而保证环岛内部车辆快速通过。主要通过以下几个步骤实现区域协调。

图 3 鼓楼环岛区域协调控制措施

1）高峰期间环岛周边各路口之间联动控制，把控北、东、南三个上游方向交叉口进入环岛的车流，使三个方向车流依次有序进入环岛，避免同一时间三个方向车流同时汇入，造成环岛交通压力过大。

2）在完成上述措施的前提下，当监测到环岛车流依旧较多，存在拥堵趋势时，自动截流北、东、南三个方向即将进入环岛的车流，同时快速放行环岛西出口驶向常兴中街方向车流，达到"缓进快出"的效果。

3）当环岛拥堵得到缓解后，解除截流措施，恢复按需放行控制措施。

实施效果

采取智能控制后，各路口全天根据车流量变化进行动态控制，实时生成与车流量需求匹配的控制方案。相位时间与周期时间均随流量变化而实时变化，减小了路口绿灯空放时间及不合理的截流现象，提高了交叉口通行效率。

1. 拥堵时间缩短

相比于固定配时，进行智能控制后，晚高峰期间，临汾鼓楼环岛拥堵时间减少了214min，降幅为48%。鼓楼环岛西出口位置，拥堵时间减少了57min，降幅为51%。鼓楼西街—常兴中街交叉口拥堵时间减少了49min，降幅达到75%，如图4所示。

图4 鼓楼环岛晚高峰控制前后拥堵时间对比图

2. 排队长度缩短

实施区域协调智能化信号控制后，排队长度大幅缩短，如图5、图6所示。

a）固定配时早高峰　　　　　　　　　　　　b）智能控制早高峰

图 5　环岛西出口智能控制前后早高峰排队长度对比

a）固定配时晚高峰　　　　　　　　　　　　b）智能控制晚高峰

图 6　环岛西出口智能控制前后晚高峰排队长度对比图

多路交叉环岛改建为信号控制十字路口

案例简介

针对多路交叉环岛行驶困难，秩序混乱，控制复杂等问题，常德市通过对现状环岛进行拆除改造，调整为标准十字交叉路口，并增设信号灯，同步完善交通渠化和信号控制方案，有效提升了相应交叉路口的通行能力。

现状情况及问题分析

紫缘路与柳叶大道交叉路口位于常德市武陵区东北部，其中柳叶大道是常德市中心城区东西向重要交通干道，承担武陵区东西向道路集散的主要功能；紫缘路为南北走向的城市主干道，承担武陵区南北向道路集散的主要功能，如图 1 所示。该环形交叉口由于岔路多、每条道路夹角不均等、交织段长度不足等先天条件的制约，导致车辆易在此处产生交通事故及拥堵。

图 1　紫缘路—柳叶大道交叉路口地理位置图

紫缘路与柳叶大道交叉路口改造前为无信号控制的多路交叉环形交叉口，分别由紫缘路、柳叶大道、丹阳路三条道路交汇于此，形成一个多路错位交叉的畸形路口，如图 2 所示。

1. 交通流量大，拥堵情况严重

据统计，该环形交叉路口改造前的高峰期机动车交通流量为 4650pcu/h，而交叉口通行能力为 2423pcu/h，饱和度达到 1.92，车均延误为 42.57s，车辆平均排队长度为 332m，交叉口服务水平为 F，道路严重拥堵，交通运行情况不佳，如图 3 所示。

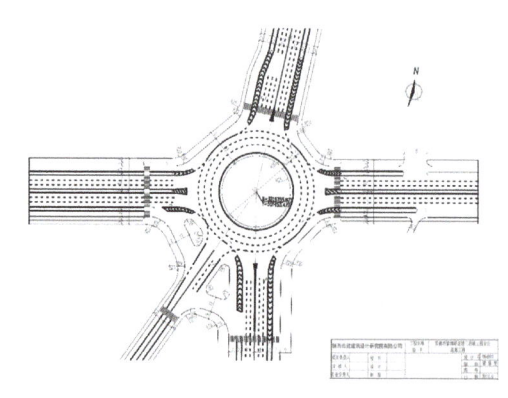

图 2　改造前环形交叉路口的平面设计图

图 3　路口拥堵状况严重

2. 路口不规则，行驶难度大

由于各进口道交织段长度不足，以及各进口道夹角不一致等情况，导致车辆驶入该环形交叉口时的冲突点较多，且车速不一致，变道、抢道穿行现象多发。

3. 慢行过街设施缺失，过街困难

环形交叉口未设置非机动车过街通道，机非冲突严重。交叉口现状为无信号灯控制，仅在靠近交叉口的路段设置了人行横道，但人行横道路径长度过长，无法保证行人的通行安全。

4. 通行秩序混乱，存在安全隐患

改造前重点交通违法率为 31.68%，交通秩序情况较为混乱。改造前该环形交叉口年均发生简易程序事故 471 起，一般程序事故 31 起，其中，亡人事故 1 起，致人重伤事故 2 起，存在道路交通安全隐患。

优化思路

➤ 针对环岛不规则、行驶困难等问题，将多路交叉环岛调整为标准十字交叉口，相交支路右进右出，提升运行效率。

➤ 针对秩序混乱、存在安全隐患等问题，设置信号控制，明确放行规则。

➤ 针对机非冲突、慢性过街困难等问题，设置行人二次过街安全岛，同时非机动车实行二次过街，提升慢行过街体验。

优化措施

1. 改造为十字交叉路口，提升路口通行能力

交管部门经过多方商讨，合理论证，重新对该交叉路口进行了渠化设计，拆除了环岛，

对丹阳路进口道进行封闭处理，改环形交叉口为标准的四相位信号控制十字交叉口，如图4所示。改造后，丹阳路进入路口的车流需右转进入紫缘路，然后从紫缘路调头进入紫缘—柳叶大道交叉口，交叉口内部冲突点大大减少，安全隐患得到有效降低。

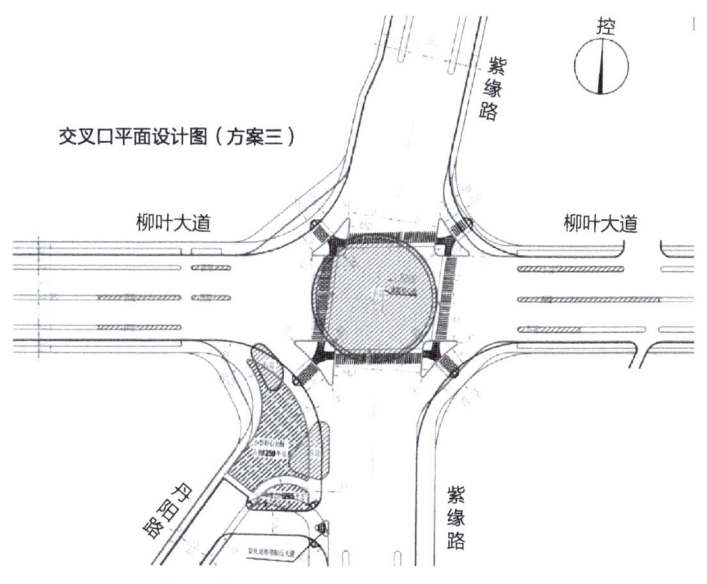

图4　紫缘路—柳叶大道交叉口改造方案图

2. 完善组织渠化，提升交叉口行驶流畅性

改造前的紫缘路—柳叶大道环形交叉口未设置进口道展宽，缺乏导流措施，导致交叉口附近车辆变道、抢行等不安全驾驶行为频发，造成该交叉口交通事故多发。交管部门对该交叉口进行改造后，各方向进口道均进行了展宽设计，增设导向车道标线，在左转专用道的停止线前设置了左转待行区以提高左转车道的通行能力，如图5所示。

图5　路口改造的渠化设计图

3. 优化慢行过街设施，提升过街体验

考虑到路口面积大，为保障通行效率，非机动车实行二次过街，并设置专用过街通道。同时考虑到行人过街距离较长，在四个转角设置渠化岛，道路中央设置二次过街安全岛，缩短行人单次过街距离，保障行人过街安全性。

4. 设置信号设施，细化控制方案

增设信号控制设施，从时间上将互相冲突的交通流分离，保证行车安全，并提高路口的通过效率和通行能力。根据不同时段的车流量设计了 6 套信号配时方案。实时监测交通指数、拥堵路段、交通事故、监控视频等信息，实时优化信号控制方案，进行调度。

实施效果

1. 交通通行能力大幅提升

紫缘路—柳叶大道交叉路口经过交管部门精细化治理后通行能力达到 6196pcu/h，较改造前提升约 155%。车均延误为 33.91s，较改造前减少了 20.34%，排队长度缩短为 138 米，较改造前减少了 58.43%，交叉口服务水平由 F 提升为 D，如图 6 所示。

图 6　紫缘路—柳叶大道交叉路口全景照片

2. 交通秩序得到改善

改造后重点交通违法率为 3.73%，较改造前下降 27.95 个百分点，交通秩序情况更为规范；改造后年均发生简易程序事故 243 起，较改造前同比下降 48.41%。

畸形交叉口运行改善设计

多岔短连接畸形路口精细化设计

五路交叉畸形路口交通优化治理

中心城区 K 形畸形路口综合改造治理

短连接双 T 形交叉口交通优化

畸形交叉口运行改善设计

畸形交叉口是指大于四个进口道的多路交叉路口、进口道夹角较小的非正规十字路口、T形路口或短连接路口，多为因受地形、建筑等影响形成的非标准化交叉口，常见于老城区路网中。由于其不规则的形状，这类路口普遍交通冲突点多，交通流线不清晰，是常发交通拥堵点和事故高发点之一。

畸形交叉口的交通运行特征和主要问题突出。**一是路口通行效率较低**。路口范围内机动车与非机动车通行轨迹存在交织，部分路口进出口间通行距离过长、路口范围内空间未得到有效利用，导致通行效率较低，高峰期间极易发生交通拥堵。**二是交通安全风险高**。受路口形状限制，机动车和行人交通的通行轨迹混乱、冲突点多且视距受限；部分路口信号相位设置不合理，冲突流向同时放行，导致机动车辆剐蹭事故多发。**三是车辆行驶难度大**。由于路口形状不规则且出口数量多，为交通出行者通行带来困难，无法快速明确出口车道位置，极易驶错车道，或在进出口道处犹豫、滞留或频繁变道。一些小夹角路口由于信号灯设置不合理，交通参与者无法辨识其所控车道。

畸形交叉口的交通组织改善应根据路口形状、进口道数量、交通流量特征、慢行交通通行需求等因素综合施策，核心目标在于通过**简化交通流线、规范车辆行驶轨迹、明确车道指示信息、保障慢行交通路权**等措施提升路口通行秩序。一般可采取以下几类优化措施。

首先，简化交通流线，规范行车轨迹。优先考虑单向交通组织等措施，减少驶入交叉口的支路数量，简化交通流线。精细化开展路口渠化，充分利用路口内部空间，完善车辆待行区设置，提升进口车道利用率；合理设计车辆动线，在行车轨迹外的路权空白区域填充导流线、施划路口导向线，规范畸形交叉口的行车轨迹。对于短连接路口，可结合交通流量特征调整车道功能布设，外置左转车道，避免左转车辆短距离连续变道。

其次，明确车道指示信息，方便驾驶人识别。当出口方向通往多个目的地时，可采用路面文字标记等方式辅助指路标志进行预告，引导车辆行进方向。对于难以快速分辨信号灯控制车道的路口，还可以在信号灯杆位置增设辅助标志，帮助驾驶人快速识别。

第三，明确慢行交通路权，保障慢行出行安全。合理设置行人过街安全岛和无障碍过街设施，保障行人通行安全；采用非机动车二次过街或蓄水式放行设计，路口范围内施划非机动车二次过街专用道，并根据需要铺设彩色沥青，规范非机动车行车轨迹，分隔机动车与慢行通行空间。

第四，合理配置信号相位时间。平衡交通安全与通行效率，精细化设置信号相位配时，缩减行人与非机动车二次过街等待时间；设置全红时间及时清空路口滞留车辆，保障路口畅通；根据上下游路口的流量变化特征合理设置相位差，实现绿波通行，提升路口通行效率。

综上所述，优化治理畸形交叉口路口需要综合考虑交通组织、车辆流线设计，交通管理设施设置以及信号配时方案等多个方面，以实现安全畅通、提高通行效率和改善交通秩序的目标。

多岔短连接畸形路口精细化设计

案例简介

针对大面积路口过街距离长、慢行通行空间不明确、秩序混乱的问题,哈尔滨市高架桥下畸形路口通过精细化设计行车动线等措施,充分利用桥下路口内部空间,完善信号控制,从时间和空间两个维度同时入手,破解路口拥堵难题,提高通行效率。

现状情况及问题分析

路口位于哈尔滨市南岗区,为城市核心区域,是由文昌街、宣化街、黄河路、宣信街、宣智街及文教街 6 条路组成的桥下 7 岔畸形路口,其中文昌街、宣化街、黄河路是城市重要的交通干道,承担着大量的交通流。该路口所在区域有哈尔滨市重要的汽车配件交易中心,而且周边有多个学校、住宅小区及政府办公场所,早晚高峰人流、非机动车流、机动车流大量集中,交通情况极其复杂,如图 1 所示。

距离路口 300m 处还有一个五岔桥下的畸形路口(黄河路与十字街路口),与本路口组成短连接组团,具体位置如图 2 所示。

图 1　畸形交叉口位置图　　　　图 2　短连接交叉口位置图

根据现场交通流量调查,该路口高峰交通流量在 5000~7000pcu/h;其中宣化街、文昌街方向为车流行驶的主要方向,约占总流量的 85% 左右;文昌街右转去往宣化街与宣信街方向、宣化街南左转方向在早晚高峰处于饱和状态,单车道流量最高可达 700pcu/h,具体流量分布如图 3 所示。

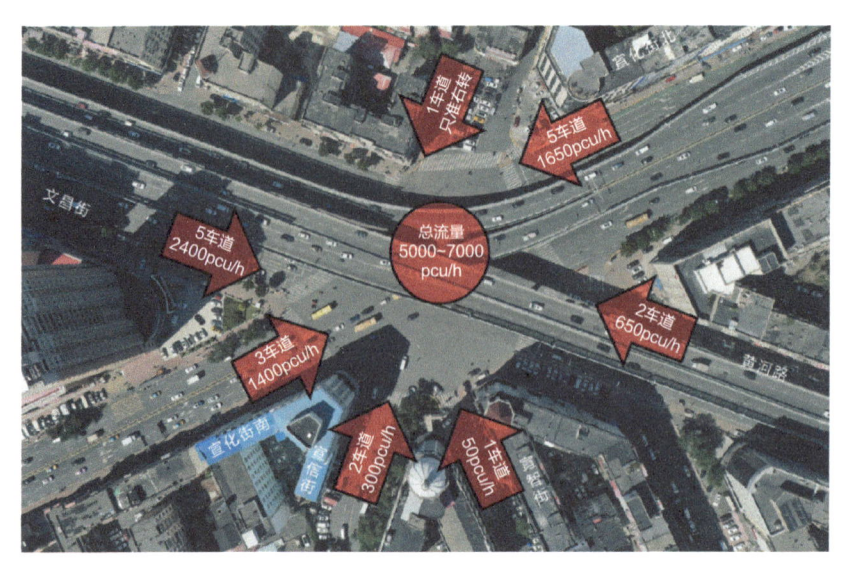

图 3　高峰交通流量分布图

目前主要存在以下问题。

1. 交叉口内物理面积过大，车辆通过距离长

桥下交叉口的物理面积高达 9100m²，车辆由北向南行驶通过交叉口的最长距离可达 115m，现状路口内仅在宣化街南进口施划左转待行区线，车辆在路口内通行没有明确的轨迹指引，且出口较多，为交通出行者通行带来困难，如图 4 所示。

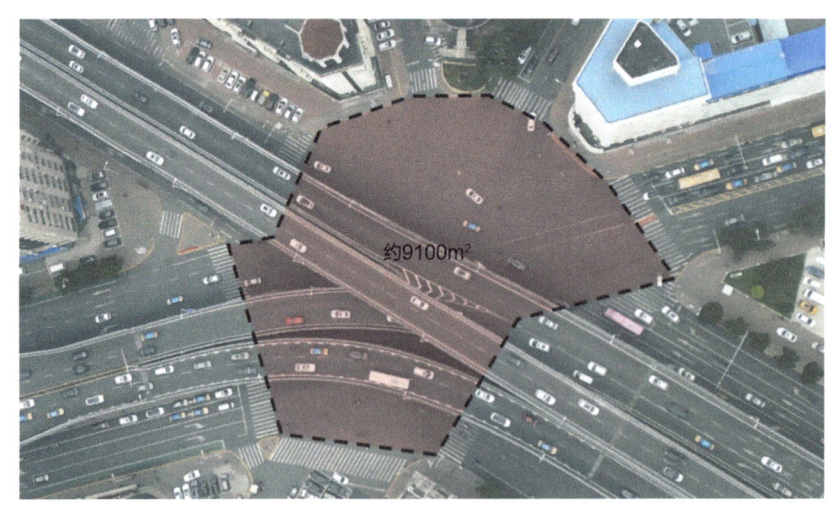

图 4　现状交叉口内物理面积

2. 非机动车通行需求很高，路权缺失，过街秩序混乱

因路口周边商铺均为汽配服务，零件配货基本通过非机动车交通方式，出行方便快捷，但现状路口未能明确非机动车的骑行路权与通行路径，导致非机动车无序行驶，在机动车流间随意穿行，存在很大的安全隐患，如图 5 所示。

图 5　非机动车在路口内随意穿行

3. 宣化街北进、出口车道数量不匹配

根据国际 GB/T 36670—2018《城市道路交通组织设计规范》的要求：出口车道数一般不小于与其连接的上游路段进口车道数。宣化街北上游设置有 4 条进口车道，对应出口仅设置 3 条车道，不符合规范要求，并且文昌街右转车流量很大，高峰期间宣化街直行车辆放行时极易造成出口道拥堵，如图 6 所示。

图 6　宣化街北进、出口划分情况

4. 行人通行环境差，没有考虑弱势群体的出行便利

桥下通行空间均没有进行无障碍设计，且被停车场占用，弱势群体出行极其不便，行人通行环境很差，如图 7 所示。

图 7　桥下行人通行实景照片

优化思路

1. 合理渠化，充分利用桥下空间提高通行能力

充分利用桥下交叉口内部空间，合理进行渠化，增加导向车道线、设置待行区域，缩短车辆通过交叉口的距离。

2. 优化非机动车与行人的通行环境

明确非机动车路权与行驶路径，设置双向通行环形"绿道"，让非机动车按照人行横道信号灯灯色信号通行；人性化设计行人过街通行环境，完善行人驻足区与无障碍通道。

3. 精细化设计配时方案

充分保障各个方向行人与非机动车过街时间与连续性，精细化设计放行方式与搭接相位。

4. 区域协调控制，缓解交通拥堵

以方案路口为基准，协调各方向主要车流的通行，构建以点带面的区域协调控制网络，实现高峰时段压力均分，平峰时段绿波畅行，从而最大程度缓解交通拥堵，降低延误，提高通行效率。

优化措施

1. 调整部分道路交通组织方式，简化交叉口通行流向

将宣智街由原来的向西单行调整为向东单行，宣礼街由原来的向西单行改为双向通行，宣智街的车辆可以通过宣礼街经黄河路掉头通行，如图8所示。

对流量较小的车流进行限制，禁止黄河路与宣化街北方向的左转交通流，文教街车辆只允许右转，并采用远引掉头的方式进行组织，从而简化路口内

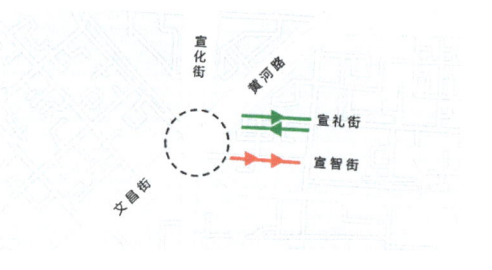

图 8　路口道路交通组织方案

的交通流向，如图9所示。

图9　路口限行方案

2. 充分利用桥下路口内部空间，合理渠化，精细设计行车动线，提高通行能力，方便驾驶人快速明确出口车道

宣化街—黄河路交叉口充分利用桥下空间，精细设计主流向车辆的行驶轨迹，通过施划路口导向线和导流线的方式，明确机动车通行路径；完善宣化街与文昌街的左转待行区长度，增加左转车辆等待空间；宣信街进口增设直行车辆二次等待区，缩短直行车辆通过路段距离及等待时间；宣化街进口车道施划地面文字标记，精准告知驾驶人前方车道可到达的道路。改善后的交叉口渠化设计方案如图10所示。

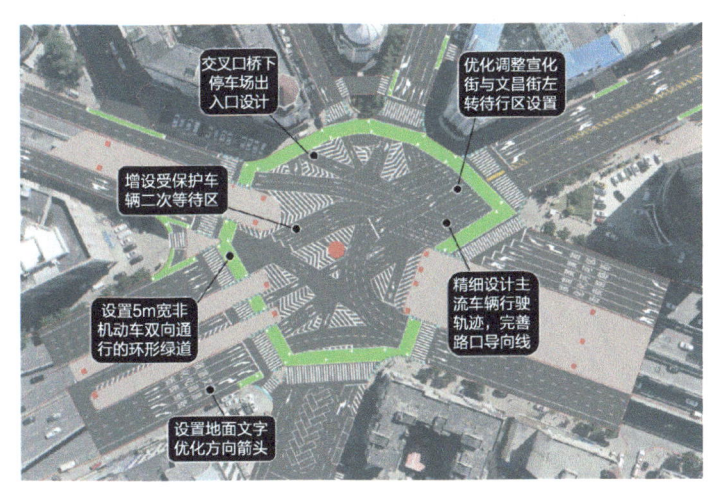

图10　案例路口渠化方案图

与宣化街—黄河路交叉口相邻的黄河路与十字街桥下路口，也同步进行了优化改善。路口充分利用桥下空间精细规划车辆的行驶路径，调整了东北侧宣利街的单行方向，由驶入交叉口调整为向北驶出交叉口，避免宣利街驶入车辆跨越多车道左转；单向交通组织的十字街增加反向非机动车道，允许非机动车双向通行，充分保障了非机动车的出行需求。此外，为缩短十字街南进口直行车辆的行驶距离，利用路口内部空间增设直行车二次等待区。改善后的路口渠化方案如图 11 所示。

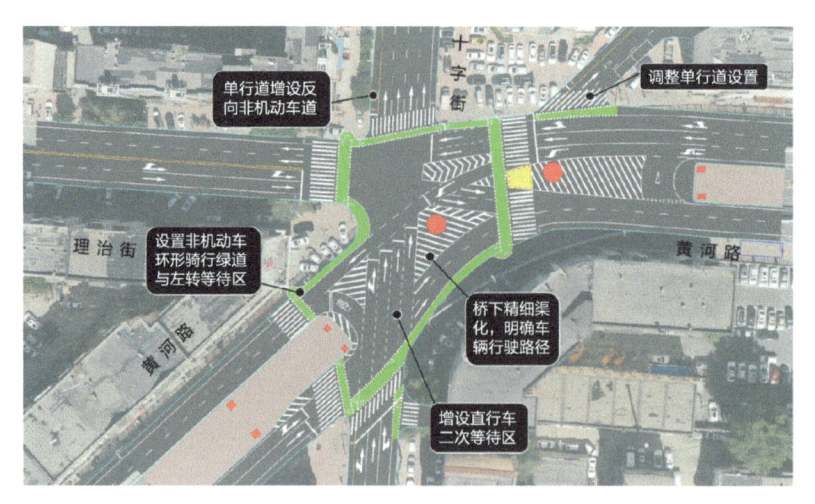

图 11　短连接路口渠化方案图

3. 改善行人与非机动车出行环境，注重弱势群体的出行便利

为改善行人与非机动车出行环境，路缘石设置边石下卧与阻车桩，打造完整的无障碍体系，增设行人二次过街安全设施，用护栏将桥下停车场区域与行人、非机动车通行区域严格分离。并且，路口增设非机动车环形骑行绿道，明确其通行路径，有效规范路口的行车秩序，如图 12 所示。

图 12　车辆与行人、非机动车分流设计图

4. 精细化设计配时方案

以路口的实际交通流量变化为基础，将原信号配时方案细分成 4 个阶段、7 个时段，如表 1 所示。

表 1　路口放行时段划分表

配时阶段	时段划分
低峰时段	00:00—06:45，22:00—00:00
平峰时段	09:00—16:30，18:15—22:00
早高峰	06:45—09:00
晚高峰	16:30—17:30，17:30—18:15

结合路口渠化设计方案，设置了 6 个信号控制相位，具体信号相位相序和配时方案分别如图 13、表 2 所示。

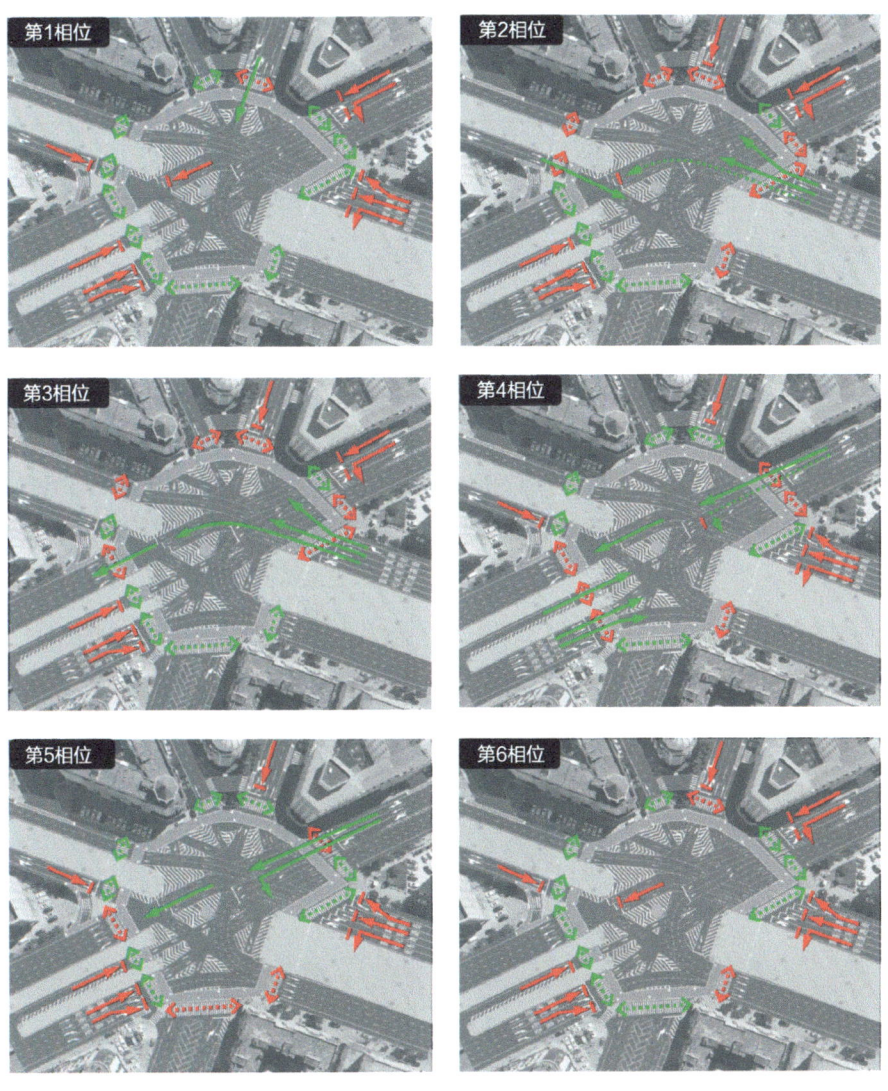

图 13　交叉口信号相位及相序方案

表2　交叉口多时段信号配时方案

开始时间	结束时间	相序	周期/s	第1相位/s	第2相位/s	第3相位/s	第4相位/s	第5相位/s	第6相位/s
00:00	06:45	1-2-3-4-5	102	14+3	22+3	16+3	19+3	16+3	
06:45	09:00	1-2-3-4-5-6	150	15+3	28+3	25+3	30+3	29+3	8
09:00	16:30	1-2-3-4-5-6	132	15+3	26+3	18+3	26+3	24+3	8
16:30	17:30	1-2-3-4-5-6	150	18+3	26+3	27+3	30+3	26+3	8
17:30	18:15	1-2-3-4-5-6	150	16+3	27+3	30+3	28+3	26+3	8
18:15	22:00	1-2-3-4-5-6	126	15+3	25+3	20+3	26+3	20+3	5
22:00	00:00	1-2-3-4-5	102	14+3	22+3	16+3	19+3	16+3	

5. 以项目路口为基点，构建区域协调控制网络

以宣化街—黄河路路口为基点，分别对主流向车流进行协调控制，共涉及相邻的5处信号灯，其中两处为人行横道信号灯，具体协调控制方案如下。

1）统一各信号灯控路口的公共信号周期，其中，宣化街行人过街采用半周期、理治街采用2/3周期进行协调控制。

2）协调三个方向的机动车流，分别为果戈里大街→黑山街→文昌街→黄河路方向的直行车流，宣化街由南向北的直行与左转车流以及理治街→宣化街由北向南的车流，具体相位差设置如图14所示。

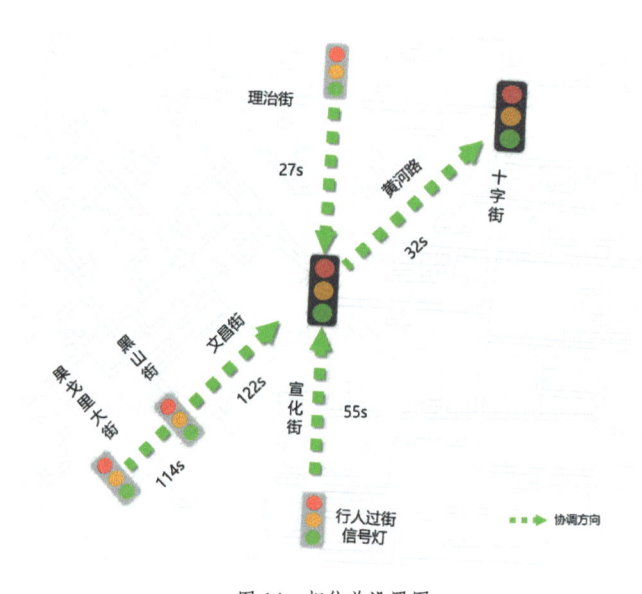

图14　相位差设置图

实施效果

方案改造实施后效果明显,路口运行效率显著提升,最大通行能力提高近 30%;文昌街与宣化街的主流向车流平均通行延误由原来的 240s 下降至 116s,最大排队长度由原来的 380m 下降至 210m;通过合理的相位搭接,解决了各方向机动车的通行冲突;非机动车采用环形双向通行方式,路口秩序得到明显的提升。本案例路口方案实施前后对比如图 15 和图 16 所示。

图 15 文昌街与黄河路交叉口实施前航拍图

图 16 文昌街与黄河路交叉口实施后实景照片

图 16　文昌街与黄河路交叉口实施后实景照片（续）

短连接路口黄河路与十字街桥下路口方案实施前后对比如图 17、图 18 所示。

图 17　黄河路与十字街桥下路口实施前航拍图

图 18　黄河路与十字街桥下路口实施后实景照

五路交叉畸形路口交通优化治理

案例简介

针对五路交叉口交通冲突严重、通行秩序混乱的问题，德阳市泰山路－黄河路交叉口采用分离左转车流、增设待行区、非机动车蓄水式放行、交替通行等改善措施，优化了车辆行驶路径，提高了路口通行效率，保障慢行交通过街安全。

现状情况及问题分析

泰山路—黄河路交叉口是德阳河西片区进出城的核心节点，由黄河路、泰山路、华山路三条主要干道交汇，受泰山路上跨立交、环岛交汇、路网布局等影响，最终形成畸形的五路交叉口，如图1所示。该路口周边有德阳大型企业东方电机厂（员工近8000人）、德阳中学、德阳东电外国语小学、居住小区及商业等，早晚高峰交通压力大。

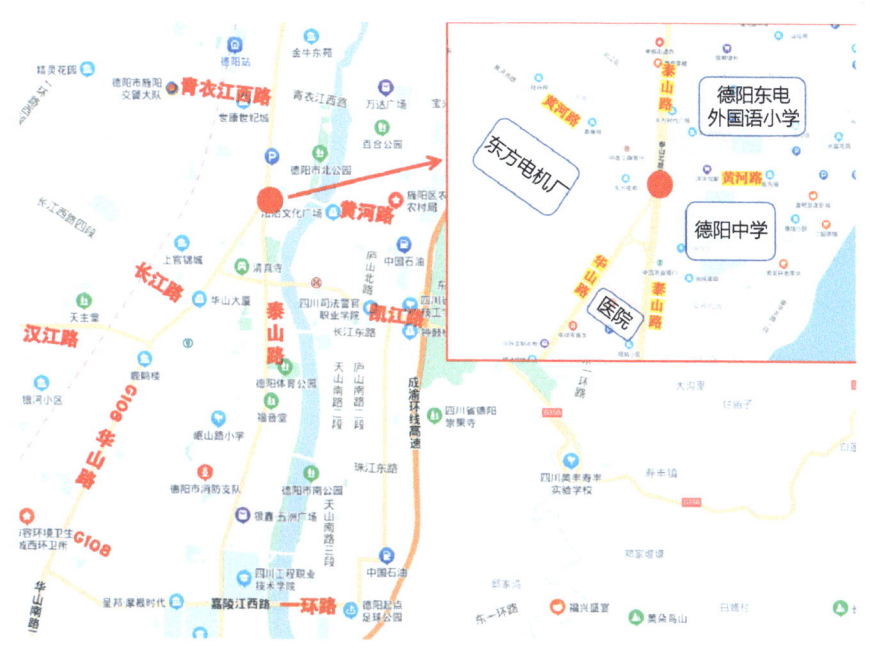

图1　泰山路—黄河路五路交叉口区位示意图

作为德阳市重要的交通衔接点，泰山路上跨立交仅解决了泰山路南北直行交通流。但华山路转向交通流、黄河路进城方向交通流，均需通过路口南侧环岛交汇后进入泰山路，导致环岛处交通冲突严重。加之早晚高峰时期，黄河路东西向上下学、上下班出行需求量大，拥堵情况经常发生，因此该路口已成为了德阳市民持续关注的热点。现状主要存在以下问题。

1. 进出口车道通行能力不足

路口东西进出口道存在一定程度错位，其中，东进口分别设置有 2 条左转和 2 条直行专用车道，但左转交通流量大于直行车流，与现状进口车道功能划分方式不匹配。南进口仅设置 3 条车道，却承担泰山路与华山路两条主要干道方向交通流的双重交通压力，早晚高峰交通流量大，拥堵情况较为严重，如图 2、图 3 所示。

2. 泰山路与华山路环岛处交通秩序混乱

为减少路口的进口车道数量，原路口将泰山路、华山路作为进口车道和出口车道分别管理，因此，华山路由北往南进入泰山路的交通流，以及华山路由南往北进入泰山路的车流需要在南侧环岛处交织变换车道，交通冲突严重。此外，该交织段还有大量非机动车随意横穿道路，导致环岛处交通秩序混乱，通行能力显著降低，如图 4 所示。

图 2　北进口车道路狭窄

图 3　南进口流量大

3. 非机动车交通流量大，待行空间不足

西进口受道路宽度限制仅设置 2 个进口车道，且非机动车交通流量非常大，非机动车占用机动车道前方空间等待放行，阻挡了直右车道的机动车通行，降低了通行效率，且存在较大的安全隐患，如图 5 所示。

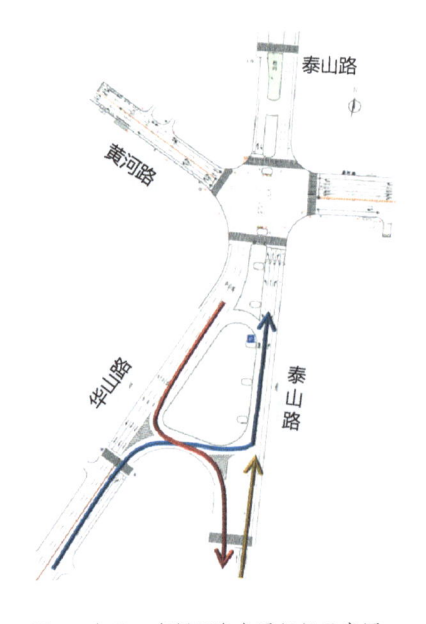

图 4　交叉口南侧环岛交通组织示意图

图 5　西进口非机动车流量大

优化思路

> 为解决各进口通行能力不足的问题，通过绿化隔离带空间增设车道、设置待行区及调整进口车道功能等方式，提升路口通行能力。

> 为解决环岛交通冲突的问题，利用信号灯控实现"交替放行"，分离交通冲突点。

> 为解决非机动车待行空间不足的问题，采用"非机动车蓄水式放行"措施，降低了非机动车对机动车的通行干扰。

优化措施

1. 利用桥下空间增加进口车道数量

左转车道外移，通过拆除南侧桥墩绿化隔离带，增加两条专用左转车道，提前分离左转车流；"双待"优化，合理利用路口桥下空间资源，在南北进口及西进口增设直行、左转待行区，提高路口通行效率。

2. 以交通流量特征为基础调整进口车道功能

结合东西向交通流不均衡的特点，将黄河路（泰山路—黄河桥西）路段中心线南移，优化为北侧4条机动车道，南侧2条机动车道；同时将东进口道渠划为5条机动车道，出口保持2条机动车道。最终形成路段"4+2"，路口"5+2"的车道模式，满足实际交通出行需求。

3. 实施"非机动车蓄水式放行"

采用"非机动车蓄水式放行"模式，在西进口施划非机动车待行区，增设进入"待行区提示屏"，完善非机动车过街引导线，降低了非机动车对机动车的干扰。

4. 保障慢行通行路权

针对慢行交通安全性不足，非机动车通行秩序混乱等问题，从时间、空间上分离机动车与慢行交通。南进口非机动车道调整至人行道上，并铺装彩色沥青，减少机动车与非机动车之间相互干扰。优化行人过街，东进口增设实体行人二次过街道，南北侧利用桥墩空间施划标线明确行人二次过街等待区域，保障行人安全通过路口。

5. 利用信号灯实现"交替通行"

华山路与泰山路环岛处设置信号灯，冲突方向交通流交替放行，保障华山路行人、非机动车过街需求，消除环岛处交通冲突点。针对路口空间不对称现状，实施信号灯"轮放"模式，精细化划分时段，并与泰山路华山路环岛交汇处信号灯协调联控，提高路口通行效率。

以上各项改善措施具体可参看图6。

⑥ 优化行人过街。路口东侧增设行人二次过街施划标线明确行人二次过街实体空间，南北侧利用桥墩空间施划标线明确行人二次过街等待区域，保障行人安全过街

⑦ 路段"4+2"与路口"5+2"车道布设。路口东侧路段优化为北侧机动车道，南侧2条机动车道，东进口渠划为5条机动车道，出口渠划为2条机动车道，东进口渠划为5条机动车道，出口2条专用左转车道

① 左转外移。拆除南侧桥墩绿化隔离带，增加2条专用左转车道

② 机非分离。南侧非机动车道调整进入行道上，采用彩色沥青铺装，与行人在同一板块内行驶

图 6 改善措施

④ "双待"优化。充分利用路口桥下空间，南北向增设待行区，左转向增设通行效率

⑤ 创新实施"非机动车蓄水式放行"。施划非机动车过街待行线，增加进入"待行区"提示屏，完善非机动车指引信号灯，形成"非机动车蓄水式放行"模式

⑧ 信号轮放。针对路口空间不对称现状，实施信号轮放好模式，精细化划分时段，并与泰山路华山路环岛信号协调联控，提高路口通行效率

③ 交替通行。华山路与泰山路环岛交汇处设置信号灯，消除冲突

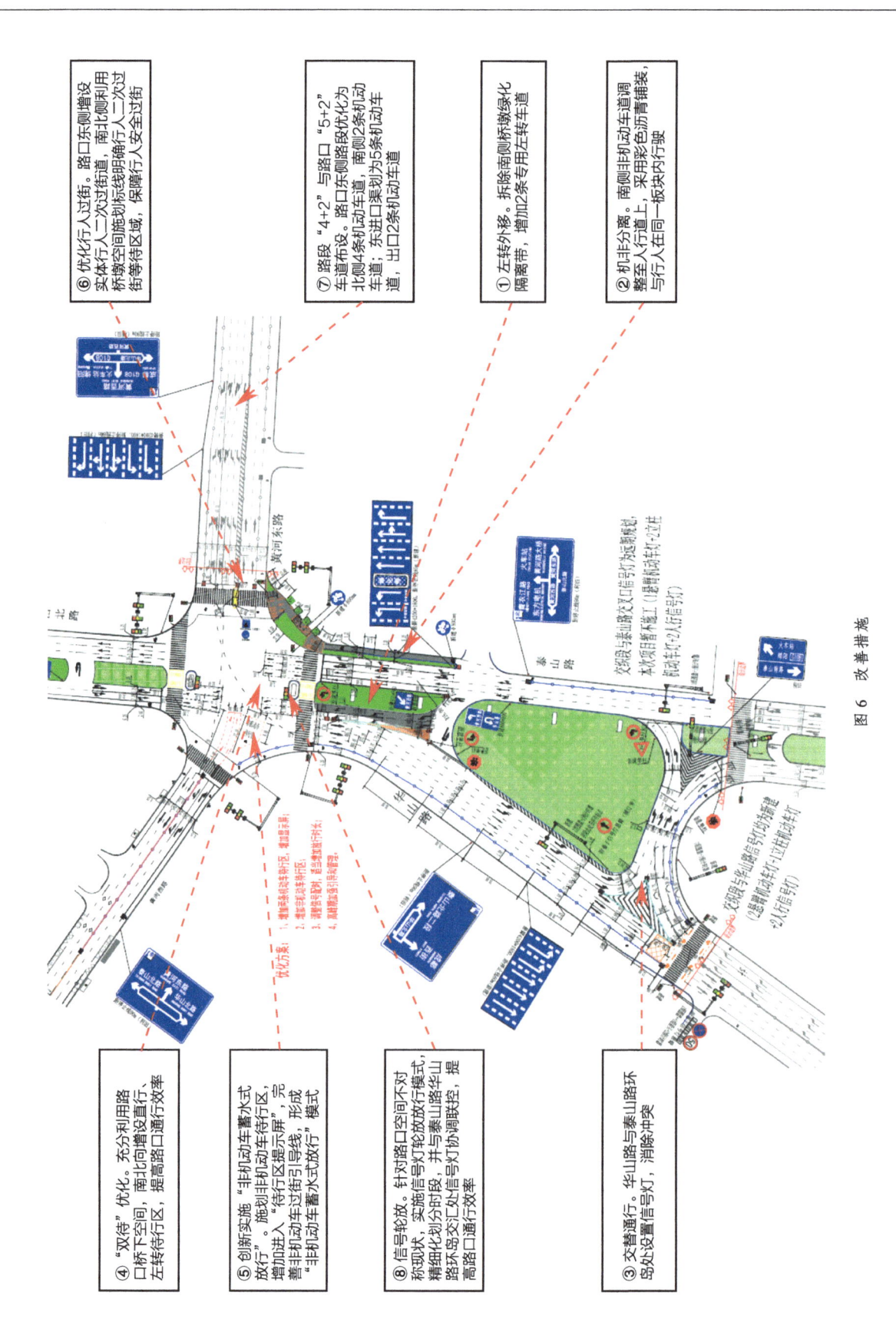

实施效果

综合利用多种手段实施改善优化后，经观测统计各项交通运行指标显著提升，交叉口的安全性、畅通性明显改善，如图7~图10所示。

图7 东进口优化前后高峰对比

图8 南进口优化前后高峰对比

图9 西进口优化前后晚高峰对比

图 10　泰山路与华山路环岛交通优化前后对比

1. 排队长度显著减小

路口东进口排队长度由 420m 缩短至 190m，南进口排队长度由 260m 缩短至 80m，西进口排队长度由 210m 缩短至 140m，北进口排队长度由 290m 缩短至 240m。

2. 通行效率明显提升

经过连续观察高峰期间的运行情况，路口通行效率提升 30%~35%，早晚高峰持续时间均缩短了 15min。

3. 环岛冲突点消除

通过泰山路与华山路环岛交汇处安装信号灯，采取交替通行方式后，环岛的交通冲突点消失，路口安全性大幅提升。

4. 通行秩序持续改善

西进口通过实施"非机动车蓄水式放行"，消除了西进口路口非机动车与机动车相互干扰的安全隐患，提高了非机动车通行效率，改善了路口交通秩序。

中心城区 K 形畸形路口综合改造治理

案例简介

针对"K形"畸形路口车流冲突点多、交通信号灯视认困难等问题，乐山市嘉定中路—青果山街路口综合采用道路渠化改造、禁限部分转向车流、精细化设计信号配时等措施，优化路口交通组织、消除安全隐患，保障道路畅通有序。

现状情况及问题分析

嘉定中路为乐山市南北走向的主干道，连接老城区与柏杨坝区域，日均流量超过 1.1 万辆，交通流量较大，如图 1 所示。2021 年 5 月，嘉定路道路扩宽改造时未同步开展交叉口渠化设计，并且因路网结构限制，人人乐路口呈"K形"，南北向通过路口距离长、车流交织冲突点多，交通信号灯设置方位不合理影响驾驶人视认，信号配时方案与交通流量不匹配，高峰期间极易发生交通拥堵，如图 2 所示。

图 1　路口地理位置

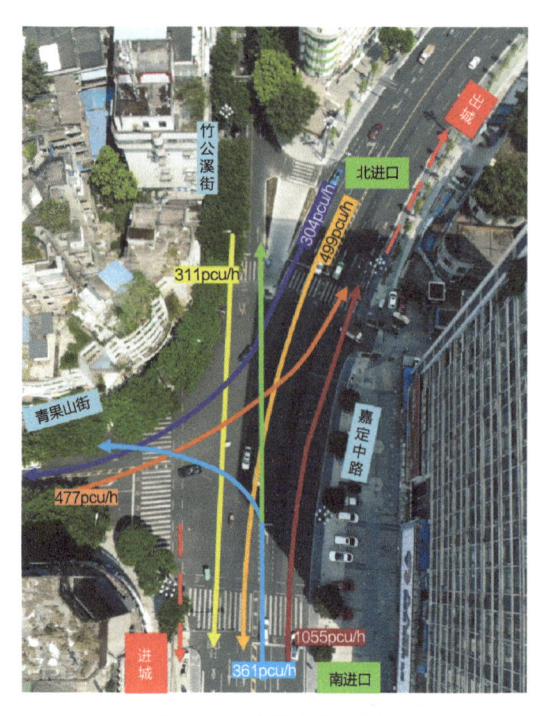

图 2　路口高峰流量流向图

路口现状主要存在以下问题。

1. 北侧支路与主路进口同时放行，交通冲突点较多

嘉定中路拓宽改造时未同步开展渠化设计，路口内各转向车流的路权分配不科学，进入路口车辆流向复杂，如图 3 所示。由于北侧竹公溪街进口与嘉定中路进口同时放行，存在多处隐患点，如竹公溪街的左转掉头交通流与嘉定中路的 2 个方向的直行交通流，以及嘉定中路（北进口）右转驶入青果山街的交通流与竹公溪街直行的交通流均存在冲突，引发严重的交通安全隐患，如图 4 所示。

图 3　路口渠化粗放　　　　图 4　路口车辆冲突

2. 进口道车道数量过少，高峰期间直行车道排队较长

嘉定中路路段及进口道两侧均设置有公交专用车道，高峰时段人人乐路口出城方向（南

进口）仅一条直行车道可供社会车辆通行，导致出城方向直行车辆拥堵严重，高峰期间排队长度最高可达百余米，如图5所示。

3. 信号灯设置不合理，且各路口信号配时方案协调效果较差

嘉定中路南北两侧进口道信号灯设置不合理，由于竹公溪街与嘉定中路北侧进口道夹角较小，出城车辆要进入竹公溪街时，驾驶人无法正确判断应根据机动车信号灯还是左转方向指示信号灯通行，如图6、图7所示。此外，嘉定中路上下游路口交通流量差异明显，沿线各个交叉口的信控方案周期不一致，上游柏杨东路右转进城车辆流量大，绿波协调效果差。

图5 出城排队拥堵

图6 出城左转信控指引问题　　　图7 进出口灯具设置错误

4. 路口交通秩序乱，不遵守交通信号等违法行为多发

部分交通参与者不遵守交通规则，路口机动车随意掉头、非机动车及行人闯红灯等违法行为多发，导致路口交通通行秩序较乱，如图8、图9所示。

图8 二次过街不遵守交通信号　　　图9 车辆随意掉头

优化思路

➢ 针对交通冲突显著的问题，采用设置道路渠化岛、行人二次过街、远引掉头、右转车辆控制、设置定向车道等多种交通组织方式明确路权、精细化分离交通冲突。

➢ 针对信号灯及配时方案设置不合理的问题，通过增加信号灯指示牌等方式明确各信号灯组的控制车流，并结合不同时段交通流的变化特征，精细化调整交通信号配时等方式，实现上下游路口协调联制。

➢ 针对路口交通秩序乱的问题，通过完善警示设施，加强疏导和交通秩序管理，特别是方案实施初期由现场民警加强对交通参与者的引导等方式，保证秩序管理有序。

优化措施

1. 采用"远引掉头"方式分离路口冲突点

禁止嘉定中路北进口及竹公溪街掉头，引导掉头车辆在人人乐路口下游嘉定路—青果山东巷路口（云顶酒店外，以下简称"云顶路口"）进行掉头，消除掉头车流与直行车流的交通冲突，如图10所示。

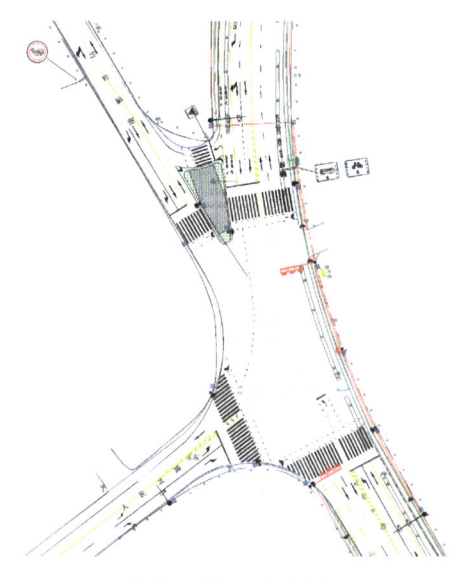

图 10 渠化方案示意图

2. 停止线前移增加进口导向车道数

嘉定中路北进口的人行横道和停止线前移，划分两条直行车道和右转车道；嘉定中路南进口划分一条左转车道和两条直行车道并增设左转待行区；竹公溪街进口与嘉定中路北进口之间设置行人二次过街驻足岛，提前分流北进口右转车道去往竹公溪街。

3. 完善主干路沿线的交通信号设施设置

嘉定中路北进口拆除左转方向指示信号灯，增设进城右转驶往青果山街的右转方向指示信号灯，以及竹公溪街直行进城的机动车信号灯，并设立辅助标志明确信号灯指示的行驶方向，如图 11 所示。

在行人二次过街安全岛的人行横道信号灯杆处增设行人二次过街等待区标志，并增派交通劝导员劝阻行人闯红灯等违法行为，规范行人过街通行秩序，如图 12 所示。

图 11　进城方向灯具调整及标牌设立　　　　图 12　安全岛设立标牌

4. 优化信号配时方案，合理设施搭接相位

根据进出城流量、道路宽度及行人流量优化人人乐路口的信号配时方案。将出城左转相位调整为第二相序，北进口右转相位搭接北进口二次过街行人相位，西进口左转相位搭接南进口直行和北进口右转，减少行人和车辆在路口的等待时间。同时，嘉定中路下游的云顶路口增设交通信号灯，规范车辆掉头并截流出城车辆，如图 13 所示。

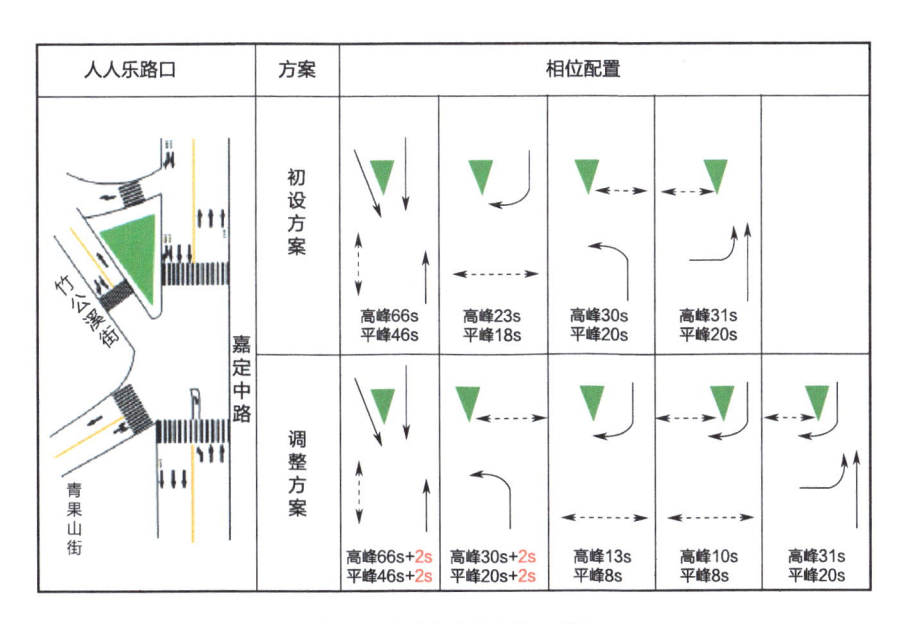

图 13　配时方案调整前后对比

5. 上下游路口信号协调联动，实现出城方向不停车通过

协调控制嘉定北路—柏杨东路路口、人人乐路口、云顶路口等 3 个信号路口，结合"缓进快出"交通策略，以云顶路口为零点路口，设置南向北出城方向的绿波。经过多次跟车实

测路段行程时间、统计早晚交通流量数据，最终确定该路口高峰周期为166s，协调带宽及路口相位差如图 14 所示。

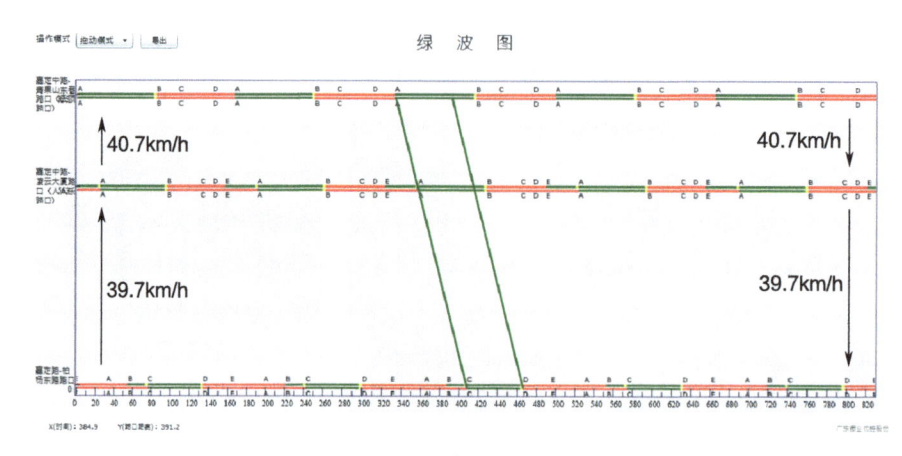

图 14　协调带宽及路口相位差

6. 加强多元化引导宣传

通过多元化引导宣传告知驾驶人该路口的通行规则。一方面派遣警力在人人乐路口处指引车辆按照标志标线指示通行；另一方面制作人人乐路口出行攻略，并在本地媒体平台滚动宣传，保障交通改善方案能有效实施，且避免引发社会舆情，如图 15 所示。

图 15　各平台大力宣传

实施效果

人人乐路口经过综合改造治理后，有效减少了路口交通冲突，路口通行秩序明显改善，嘉定中路的通行效率显著提升。高峰期间嘉定中路平均车速达到 21.46km/h，较优化前提升 18.7%；平均排队长度减少至 87m，降低 11.4%；路口平均停车次数 1.2 次，降低 24.7%。但是，为保障主干路畅通有序，支路青果山街排队长度略微增加，较优化前增长 8.4%。具体对比实况如图 16~图 18 所示。

图 16　渠化前高空图

图 17　渠化后高空图

图 18　人人乐路口改造后交通秩序良好

短连接双 T 形交叉口交通优化

案例简介

针对短连接路口的连接路段大货车排队溢出、左转车辆变道困难、货车右转事故多发等问题，烟台市环海路与祥祯路、保税区交汇形成的短连接 T 形交叉口，通过相邻路口整合、左转车道右置、货车右转"必停管控"等措施，简化了路口交通流线，有效缓解了该类型交叉口左转车冲突严重、转角区事故隐患多等问题。

现状情况及问题分析

环海路为集疏港交通通道，承载港、城、景对外交通和市内交通，如图 1 所示。从交通流量特征来看，机动车交通流中货车比例占 40% 以上，早晚高峰从幸福区片到保税区的交通参与者中，摩托车、非机动车和步行的出行比例较高，路口人车混行，交通事故隐患大。道路改善前存在重要节点交通拥堵、沿线交通安全设施老化、道路断面结构不能适应需求等短板问题，严重影响市民出行品质。

图 1　环海路道路区位图

祥祯路与环海路、保税区与环海路交汇形成距离约为50m的短连接路口位于环海路北段，为典型的短连接双T形交叉口，并且货运车辆占比较高，交通组织难度较大，目前主要存在如下问题。

1. 高峰期间路口交通流量大，且左转交通流量占比较高，左转大型货车排队溢出

路口早高峰北进口流量为1241pcu/h、南进口流量为1032pcu/h，南向西左转机动车流量543pcu/h，占比为52.6%；西进口流量为768pcu/h，西向东（保税港）左转机动车流量为432pcu/h，占比为56.3%。晚高峰北进口、西进口流量特征与早高峰类似，但是由于港务局码头进出车辆，南进口流量发生变化，南向西左转流量达到648pcu/h。高峰期间大型货车左转进港时排队溢出路口，高峰期常导致路口自锁，交通拥堵严重，如图2所示。

图2 交叉口货车进港排队长

2. 南侧路口左转车辆变道困难

南侧T形路口东进口右转去往祥祯路车辆，需要在30m范围内快速完成变道进入北侧T形路口，变道困难且安全隐患大。此外，由于南侧进口左转车排队较长，导致右转汇流车辆需要在直行车道斜插等待阻碍路口车辆通行，路口交通秩序混乱，通行效率显著下降，如图3所示。

图3 右转机动车进入左转车道冲突

3. 大型车辆路口转角区域事故多发

路口右转路沿石转弯半径过大，因此车辆通过速度较快，且大型车辆右转存在内轮差，易碾压在转角等待信号放行的行人及非机动车，安全事故多发。

4. 路口信号配时未协调考虑

相邻 T 形路口的信号配时方案分别设置，并且因大型车流量较大、行人和非机动车过街限制，以及路口间距较小的特征，路口信号相位配时不够灵活，信号调控方案难以实施。

优化思路

> 针对左转车辆变道困难的问题，增设"左转右置"专用车道，避免驶入短连接路段的车辆跨越多车道变道。

> 针对大货车右转事故高发的问题，采用大货车右转"必停管控"，有效保证了慢行交通参与者的通行安全。

> 针对信号配时方案不合理的问题，将两个短连接 T 形路口合并为一个路口协调设置信号配时方案，防止车辆在短连接路段内排队溢出。

优化措施

1. 短连接交叉口整合为 1 个路口

保税区与环海路路口中央设置护栏，保税区驶出车辆进入环海路仅可右进右出，原短距离双 T 形交叉口调整为 1 个路口，即环海路与祥祯路 T 形路口，简化路口交通流向，如图 4 所示。

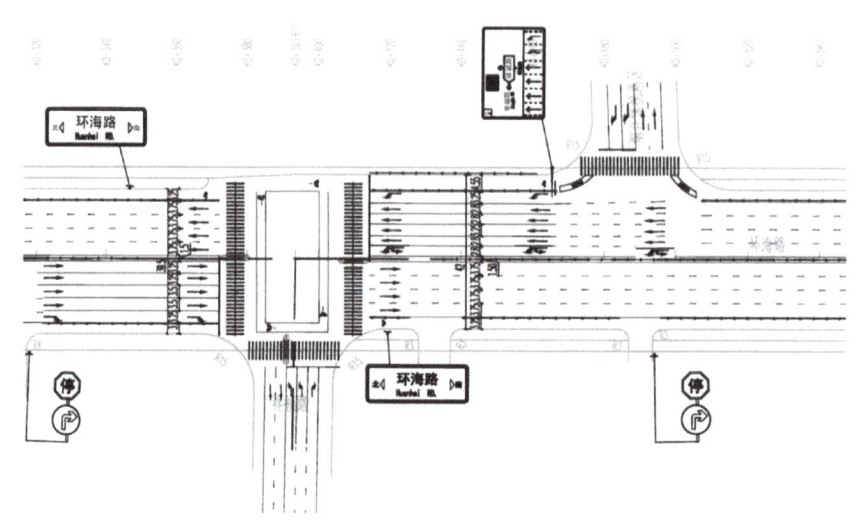

图 4　交叉口渠化调整后方案

2. 南进口左转车道外置

路口整合为一个路口后，为解决从港口出来的车左转变道难、风险高的问题，将1条左转车道调整至直行车道右侧，配合信号单独管控，如图5所示。

图5 南进口左转车道右置方案

3. 大货车右转"必停管控"

在大货车右转转角处设置盲区警示区和交通标志，并连接路口非机动车道外缘线，缩小路缘石半径为15m，等待区圆曲线采用石墩方式将行人等待区与路口进行三角区物理分隔，辅以标志提示，防止大货车"内轮差"导致的交通事故，如图6所示。

图6 大货车右转盲区警示方案

4. 增设机非隔离护栏和行人过街安全岛

设置机非隔离护栏，实现非机动车与机动车的物理隔离，明确机动车和慢行通行路权，优化路口通行秩序；人行横道增设行人二次过街安全岛，保证行人过街安全，如图7、图8所示。

图 7 机非隔离方案　　　　　　　图 8 设置行人二次过街安全岛

实施效果

改善方案实施后，路口车流的冲突显著减少，杜绝了因右转车直接穿越环海路跨车道变道左转带来的安全隐患，路口通行秩序和效率得到大幅提升。并且，通过设置右转盲区提示标线和物理隔离设施，有效分离了大型车辆右转与慢行交通等待空间，防止内轮差导致的交通事故发生，路口安全性得到明显提升，如图 9 所示。

图 9 交叉口实施效果图

学校接送组织优化

新建学校投用初期学生接送组织与管理

专线巴士 + 地面地下立体接送提升学生接送效率

学校周边儿童友好街区改造提升通行安全和效率

学校区域"四位一体"交通综合治理模式

学校集中片区交通综合治理

学校接送组织优化

学校周边交通组织主要是为实现有序、安全、高效接送，而对校内、校门附近以及学校周边道路进行的交通组织和管理，主要包括行人、非机动车、机动车等不同对象的动静态交通组织和管理。

中小学生自主能力不足，家长接送比例高。上学时段，送学生车辆在学校门前"停一停""等一等"，影响道路通行效率。放学时段，部分家长提前到达、长时间停车等待，学生短时集中离校，造成交通拥堵。学校周边普遍存在停车不足、秩序混乱、交通拥堵等一系列交通问题，特别是在雨雪等不良气候条件下，问题更加突出。**一是停车空间不足**。多数老城区学校周边缺少停车空间，加之家长集中抵达，加剧了停车供需矛盾的问题，长时间占用路侧空间停车，也对道路整体通行产生较大影响。**二是交通秩序混乱**。接送高峰期，学生、家长、机动车、非机动车等多交通主体无序占用学校周边道路通行，部分道路机动车—非机动车—行人混行、车辆违停、非机动车逆行等问题突出，秩序混乱，影响通行安全。**三是交通拥堵问题突出**。接送高峰时段，接送学生交通流叠加社会通勤交通流，在学校周边道路形成交通瓶颈，部分学校周边道路交通组织和配时方案固定运行，难以适应交通流的动态变化，缺少实时地指挥调度，配套交通设施不完善，加剧了交通拥堵。

学校周边交通组织需要根据学生OD分布、接送方式、通学特点、停车供给、道路通行能力等进行综合优化，其主要目标是使接送车辆有序通行和停放、行人和非机动车依规安全通行。一般可采取以下措施开展优化。

1. 优化接送方式避免车流短时集聚

在调查接送方式及校车乘坐意愿的基础上，推行校车、定制公交等集约出行方式，同步增加学生上下校车及车辆位置等信息提醒功能，提升校车乘坐率，减少小汽车接送总量。强化家校信息互通，通过优化放学时间间隔、提醒家长错峰抵达等方式，削减接送高峰交通流量。

2. 加强停车管理实现高效周转

通过设置路侧临时停车、协调周边停车资源开展共享停车等措施增加停车供给，缓解停车资源不足的问题。加强停车秩序、停车时长管理，对于限时停车泊位上超过停车时长的车辆进行警示提醒，督促及时驶离，提高停车资源利用率。

3. 优化交通组织提升安全和效率

通过设置护学通道连接校外接送点，实现接送交通远引，减少对学校门口交通影响。通过优化学校周边路口行人过街和隔离设施，减少机动车—非机动车—行人的交织，确保学生通行安全。在学校周边路口或道路，视情开展可变车道、潮汐车道、高峰单行等动态交通组织管理措施，同步优化信号配时方案，主动适应接送交通流通行需求，提升通行效率。优化学校周边道路交通诱导，通过设置交通状态提示屏等方式，引导非接送车辆选择其他路径通行，减缓片区内交通拥堵状况。

4. 利用地下停车库打造高效接送系统

建有地下停车库的学校，通过优化地下车库接送区和停车区设置，打造智能化地下接送系统，实现家长车辆登记、车辆进出车库提醒、学生刷脸／刷码进出学校等功能。同时，加强学生、家长、学校信息实时互通提醒，提高接送效率。

5. 部门共治提高综合治理能力

学校周边交通治理涉及多个部门，是一项综合工程，强化家校协作，推动建立学校、交管、教育等多部门参与的学校周边交通共治共享机制，定期开展部门联合会商，针对新发交通拥堵、安全隐患等问题进行分析研判，科学制定治理方案，促进问题整改落实。

新建学校投用初期学生接送组织与管理

案例简介

针对新建学校投入使用对周边道路通行及安全的影响，以及家长接送需求的变化、学校智能化管理等问题，宁波鄞州实验中学（沧海路校区）结合实际办学规模，通过制定机动车和非机动车接送方案、使用"慧眼"校园接送系统、调整周边交通组织，实现学校接送过程稳定运行，提升接送智慧化管理水平，降低对周边道路交通影响。

现状情况及问题分析

1. 学校概况

鄞州实验中学（沧海路校区）位于贸城东路—沧海路—鄞县大道—甬台温高速所围区域，学校西南侧为轨道交通五号线南高教园区站，沧海路沿线有一对公交停靠站，贸城东路—沧海路为T形路口。学校计划招生1100人左右，预估接送车辆达到500辆次。校区地下车库现有家长接送车位257个（小型车位242个+微型车位15个），校内地上现有车位22个，位于校区北侧，如图1所示。

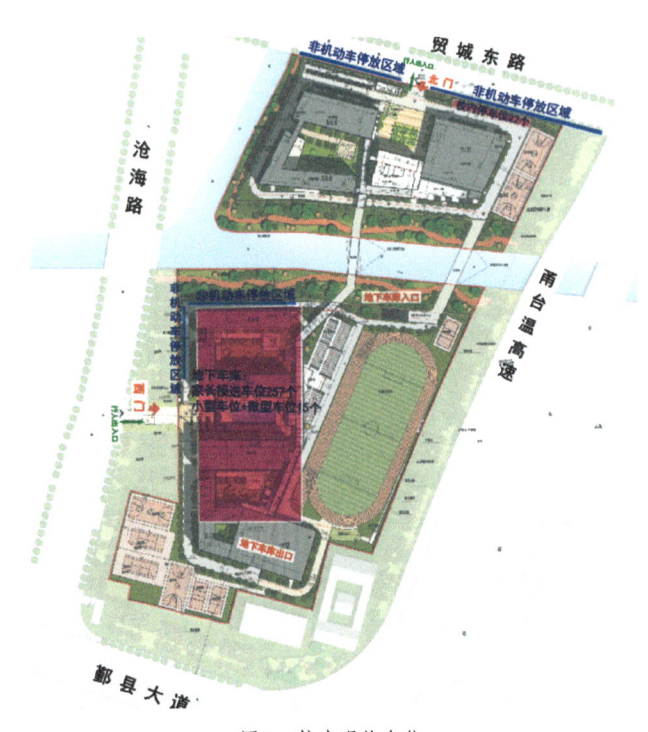

图1 校内现状车位

2. 周边道路及路口

1）沧海路（贸城东路—鄞县大道）。沧海路路段为两块板，现状为路段双向5车道（北往南3车道、南往北2车道），单幅路段宽度11m，机动车道与非机动车道之间无隔离，机非混行，非机动车安全性难以保障。

2）沧海路与贸城东路交叉口。交叉口无机非隔离设施与右转保护措施，现状因流量小，路口信号灯为两相位控制，学校投入使用后，接送车辆增多，需调整路口放行相位。该交叉口现状流量情况如图2所示。

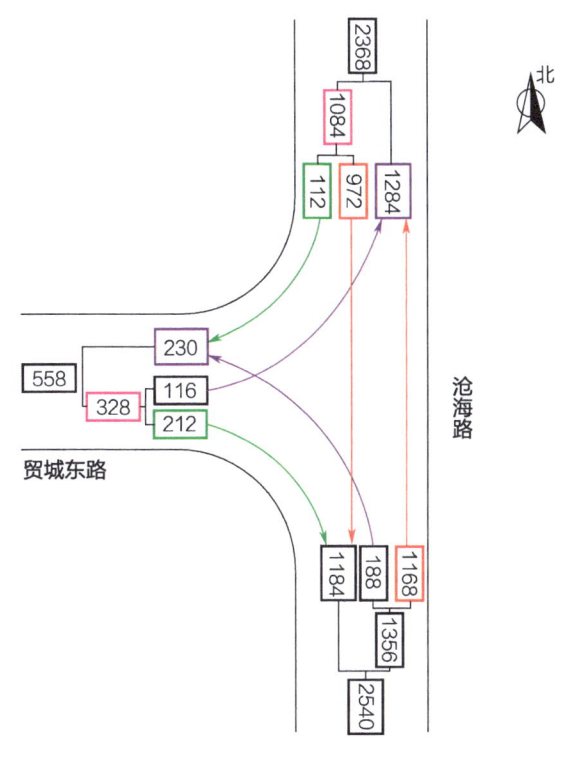

图2 沧海路与贸城东路交叉口流量情况

3）沧海路与鄞县大道交叉口。该交叉口为鄞县大道提升工程改造后路口，均有机非隔离设施与右转保护措施。路口现状为四相位控制，后期学校投入使用后，需优化接送时段绿灯时长。

优化思路

➤ 针对学校投入使用后，针对学生及车辆不同对象通行需求，提前制定机动车、非机动车接送方案，以及步行通行方案，保障学生接送过程有序高效。

➤ 针对学生接送对周边交通的影响，通过优化交通组织、调整信号配时、制定预案等方式，提升沿线路口通行效率。

➤ 针对学生通行及校园安全管理需要，采用智能接送系统，提升接送安全和智能化。

优化措施

1. 上下学接送方案

根据学校招生辖区划分，调查学生来源，结果如图 3 所示。

图 3　各小区学生来源情况

预测上下学流量为学校西北方向，再结合学校出入口位置、周边道路交通组织现状，确定按照分时段分批次放学，第一批 5 时 05 分，第二批 5 时 45 分。同时实行人车分流管理，放学设置 5 个点位：地下车库、西门等待区、西门门口、北门等待区以及北门门口，并制定学生接送方案。

（1）机动车接送方案

学校北门为机动车进口，西门为机动车出口，家长接送车辆应从贸城东路右转进入学校北门，随后左转沿学校内部道路行驶至学校南区地下车库入口，通过地下车库接/送学生后，从出口处沿学校内部道路行驶至学校西门，右转进入沧海路驶离学校，如图 4 所示。原则上规定家长不允许路边接送学生。

图 4　推荐家长接送主要通行道路

家长送学生方案：机动车行驶至贸城东路上的学校北门，进入学校后，行驶至学校南区地下车库放下学生，随后车辆离开校园。

家长接学生方案：机动车行驶至贸城东路上的学校北门，进入学校后，将车辆停放于学校南区地下车库，通过"慧眼"校园安全接送系统告知学生停车点位及等待区，接到学生后车辆离开校园。

校内机动车接送方案如图 5 所示。

图 5 校内机动车接送方案

若遇到特殊情况或地下车库车辆停满的情况，校内地下车库的入口处道闸杆不再开启，家长在校内消防通道处有序排队，预计可排队 100 辆机动车，如图 6 所示。

图 6 校内排队通道

（2）非机动车接送方案

考虑沧海路流量及学生居住区域，原则上规定家长将非机动车停放于学校北门，通过北门进行接送，如图 7 所示。

（3）步行方案

为方便步行或乘坐公共交通上下学的学生通行，北门与西门均可供学生步行进出，如图 8 所示。

图 7　校内非机动车接送方案　　　　图 8　校内步行接送方案

2. 周边交通组织调整及预案

1）经学校生源统计，家长车辆接送将集中于学校西北方向，途径沧海路与贸城东路北进口或者西进口进入贸城东路，因此贸城东路与沧海路口的交通压力相较现状会有明显增加。预测上学期间流量集中在路口北进口左转弯与西进口直行，放学期间流量集中在路口南进口直行与左转。因此，对贸城东路与沧海路交叉口的优化如下。

➢ 优化信号配时周期，南北向左转与直行相位单独设置，并根据实际流量调整绿灯时长。

➢ 沧海路靠近交叉口位置增设机非护栏与右转保护岛，保障学校周边接送车辆与非机动车及行人的安全。

➢ 根据学校运行情况，制定交通组织优化方案，后期根据实际情况启用，如图 9 所示。预案 1：贸城东路—沧海路交叉口北进口第 2、第 4 车道调整为可变车道，适应不同时段流向变化的需求；预案 2：沧海路（贸城东路—鄞县大道）东半幅车道瘦身，增加南进口车道数。

2）沧海路学校西门现状有水泥挡墙，影响进出校园车辆及学生的视线，存在较大安全隐患。因此，对转角处挡墙进行调整拆除，保证视线通透，满足行车视距，如图 10 所示。

3）学校西侧规划有两处绿化用地，目前未被利用。因此，完善地面硬化与围挡设施，完善停车场设施，用作家长接送专用的停车场，并录入家长车辆车牌，社会车辆不允许驶入。贸城东路学校门口长度约为 280m 的断头路，允许临时停放，预计可临时停放车辆 90 辆。

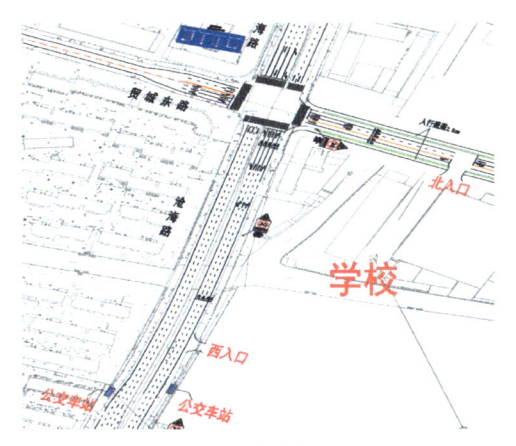

图 9　沧海路—贸城东路交通组织优化方案　　　　图 10　调整水泥挡墙转角避免视线遮挡

4）完善车库地面标志设施设置，在容易产生安全隐患的角落增设反光镜与减速带，提升安全性。

5）在沧海路、贸城东路沿线设置违停抓拍设备，加强学校周边违停管理。

3. 启用地下智慧接送系统提升智能化

建设使用"慧眼"校园安全接送系统，实现高效、安全接送。校内地下接送方案如图 11 所示。

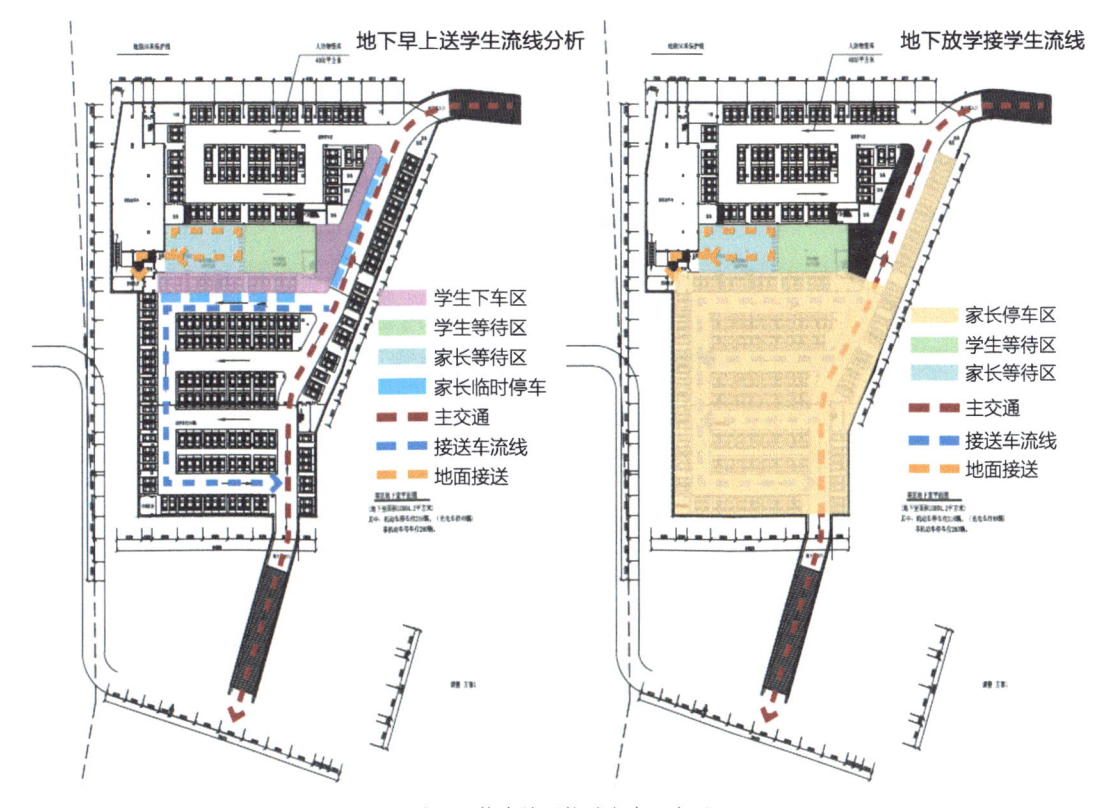

图 11　校内地下接送方案示意图

首先，调查学生默认接送模式（排查学生是否自行回家、家长何种常用接送方式）、关联家长接送车辆、录入接送家长人脸信息、学校确定放学批次、划定地下车库等待区各班指定位置、制作家长车辆不同批次进校卡。学校充分考虑中老年人等数字弱势群体接送学生情形，在接送区域安装通过人脸比对触发钉钉视频电话设备，便于及时沟通。

1）上学时段流程。学生可从西门、北门抵达，家长车辆进校后在地下车库即停即走；学生刷脸进校。

2）放学时段流程。家长到校（车辆接送根据批次设置不同进入时段）——钉钉签到（或西门/北门人脸识别签到）——确定接送地点（地下车库、西门等待区、西门门口、北门等待区、北门门口）或特殊情况留言——信息反馈到各班信息显示大屏——自行回家学生离校——接送学生以家长到位信息为准（根据家长等待）到家长签到地点汇合——学生刷脸离校——离校信息上传系统，并发送给家长——老师及家长可实时关注学生离校情况。

"慧眼"校园安全接送该系统主要具有以下功能。

➢ 实现家长到位、班级放学、学生按序离校闭环管理。

➢ 满足家长机动车、非机动车、步行等多种接送方式与孩子信息互动的无缝对接。

➢ 实现家长多点位接送的信息提醒（目前以地下车库、西门等待区、西门门口、北门等待区、北门门口共5个点位作为家长接送默认可选点位）。

➢ 家长接送点临时变更的信息可实时在班级一体机显示。

➢ 接送人员临时变更、家长特殊情况的留言等信息的推送，方便学生与家长沟通，同时家长可准确掌握分批次放学或临时调整放学等信息。

➢ 解决老人接送、无智能手机、忘带手机等特殊情况。

实施效果

1. 接送车辆按预定方案接送，周边未发生交通拥堵

接送机动车在校园内采用单行，从贸城东路上的北门进校，从沧海路上的西门出校，利用地下车库临时停车。非机动车利用北门接送学生。因利用地下车库空间进行接送，减少了对路面交通的影响，既缓解学校周边的路面交通压力，还保障了学生上学、放学的交通安全，也有力净化了校园周边环境，如图12所示。

图12 接送学生车辆进出校门

2. 地下智慧接送系统高效运行，提升接送效率

"慧眼"地下接送系统投入使用后，实现了家长接送方式自动采集、接送时段和接送点自动分配、接送信息实时交互等功能，切实提高了接送效率。家长到达学校接送点后，通过手机软件发送接送位置信息，信息会推送到各班级屏幕，由管理教师根据家长签到位置安排学生出校，学生通过闸机刷脸离校，离校信息实时推送至家长手机，如图13、图14所示。

图 13 班级屏幕显示家长抵达信息

图 14 学生通过闸机刷脸离校

专线巴士+地面地下立体接送提升学生接送效率

案例简介

针对私家车接送学生比例高、停车资源不足、接送学生交通流与社会过境交通流交织等问题，杭州市滨江奥体实验小学通过设置接送专线巴士，打造时空分离、人车分离的学生上下学立体接送体系，形成"求知专线＋接送系统＋家校联动"的综合治理方法，减少了接送车辆的停车需求，提升了接送效率，有效缓解了高峰时段学校周边的交通拥堵。

现状情况及问题分析

奥体实验小学位于杭州滨江区奥体板块，在校学生 2650 余人，70% 以上的学生居住地与学校相距 2~3.5km，家校距离较远，如图 1 所示。

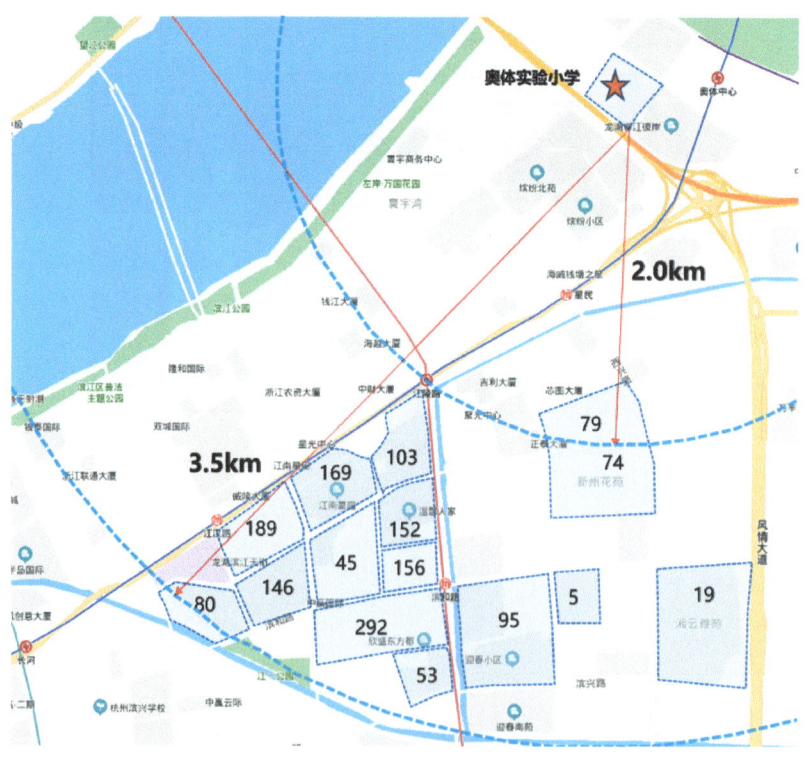

图 1 学生居住地分布

根据调研数据，奥体实验小学机动车接送需求为 1950 人，占比高达 74%。学校地下机动车库仅有 546 个车位，部分车位用于教师停车，难以满足家接送停放需求，如表 1 所示。

表 1　学生出行结构

类别	学生数
步行	353
非机动车	227
机动车	1950
公共交通	121
学生总数	2651

学校周边交通主要问题

1. 地面道路承载能力不足

学校周边有春江彼岸、绿地旭辉城等住宅小区，周边支路高峰拥堵指数大于 2.0，难以同时承载学校接送车辆和出入小区车辆的出行，如图 2 所示。

图 2　地面道路承载能力不足

2. 地下接送通道不畅

受出口交通流以及地库接送流线单一的影响，接送车辆排队出库长度超过 100m，通行不畅，如图 3 所示。

图 3　地下接送通道不畅

3. 秩序管理薄弱

机动车、非机动车在学校周边无序停放，接送秩序混乱，严重影响道路正常通行，如图4、图5所示。

图4 违停多发　　　　　　图5 接送无序

优化思路

➢ 针对私家车接送比例高，停车困难的问题，通过设置公交专线，优化接送方式，形成以公交为主体的接送结构。

➢ 针对地下接送通行不畅，地下与地面不协同的问题，通过优化接送交通流线，打造地下与地面立体化接送体系，提升接送效率。

➢ 针对学校周边无序停放、接送秩序混乱的问题，通过完善交通设施，加强交通管控，提升学校周边道路交通秩序。

➢ 针对学校周边交通部门联动不足的问题，通过政府主导，加强信息互通，形成学校、家长、交管部门充分参与的多部门协同共治格局。

优化措施

1. 开通公交"求知专线"

（1）求知专线需求调查

对学生居住地开展调研，统计公交求知专线需求，如表2所示。

表2　求知专线需求分布

居住小区	求知专线需求人数
龙湖·春江郦城	80
风雅钱塘	189
倾城之恋	146

（续）

居住小区	求知专线需求人数
江南望庄	45
江南豪园	169
东方郡	292
新洲花苑	74
铂金时代	53
钱塘春晓	103
温馨人家	152
中央花城	156
迎春小区	95
滨和花园	5
湘云雅苑	19
明月江南	79

（2）设计公交求知专线线路

上学线路：37辆大巴车通过12条线路、停靠16个站点，从各个小区接1604名学生上学，如图6所示。

放学线路：41辆大巴车通过1条线路，停靠6个站点送学生回家，如图7所示。

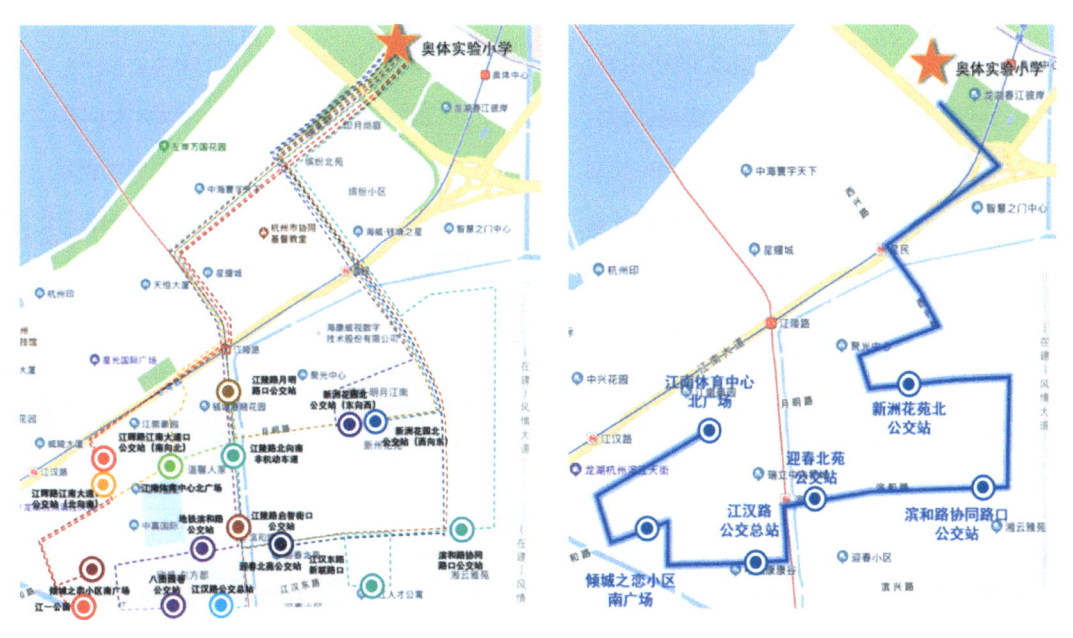

图6 上学线路与站点分布

图7 放学线路与站点分布

（3）完善配套设施

公交车定点定位停放，设置站点指示牌16块，禁停标志牌4块，如图8、图9所示。

图 8 公交车定点定位停放　　　　　　图 9 配套设施

对站点周边的 12 处交通设施不足等问题进行了治理，如表 3 所示。

表 3 公交站点周边问题汇总表

序号	具体点位	存在问题	整改措施
1	江晖路江南大道南口西侧公交站	地铁站围挡不通	改造围挡
2	江晖路江南大道南口西侧公交站	斑马线缺失	补划斑马线
3	江晖路江南大道南口东侧公交站	绿化过高	修剪绿化
4	江陵路江南大道南口西侧公交站	缺少机非护栏	补充机非护栏
5	江陵路启智街南口西侧公交站	缺少机非护栏	补充机非护栏
6	江汉东路春晓路西口北侧公交站	缺少机非护栏	补充机非护栏
7	江汉东路春晓路西口北侧公交站	标线被沥青覆盖	补划标线
8	月明路新联路西口中央	缺口未封闭	封闭缺口
9	月明路新联路西口北侧公交站	缺少停车线	补划标线
10	滨和路协同路西口南侧	缺少斑马线	补划标线
11	滨和路江陵路东口南侧公交车站	标线被沥青覆盖	补划标线
12	滨和路江陵路东口南侧公交车站	斑马线缺失	补划斑马线

2. 优化地下接送系统

（1）优化出入口组织

优化地库出口处扬帆路道路断面，北往南调整为 2 车道，南往北调整为 1 车道，提高出场车辆效率，如图 10、图 11 所示。

图 10　调整前

图 11　调整后

（2）优化接送路线

上学：设置多通道上学接送路线，避免车辆无序绕行造成交通拥堵和安全隐患，如图 12 所示。

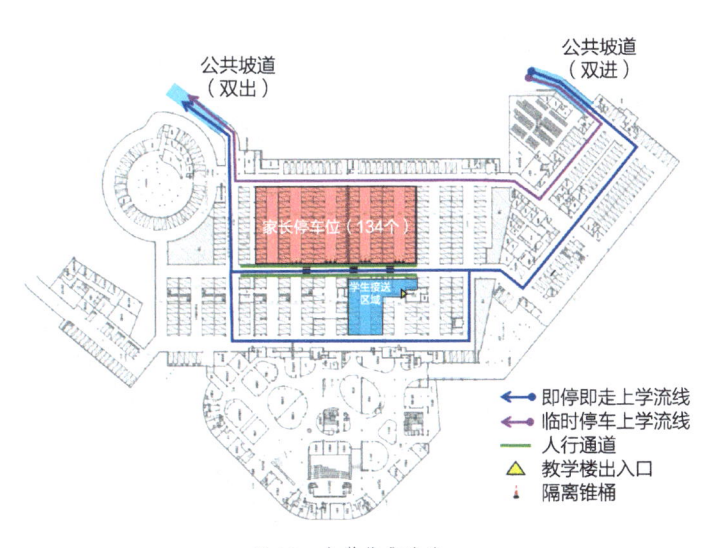

图 12　上学优化流线

放学：设置多通道放学接送路线，增加学生接送区域 2，提高接学生效率；另外，家长停车位与教学楼之间道路禁止车辆通行，保障学生接送区域 1 内学生通行安全，如图 13 所示。

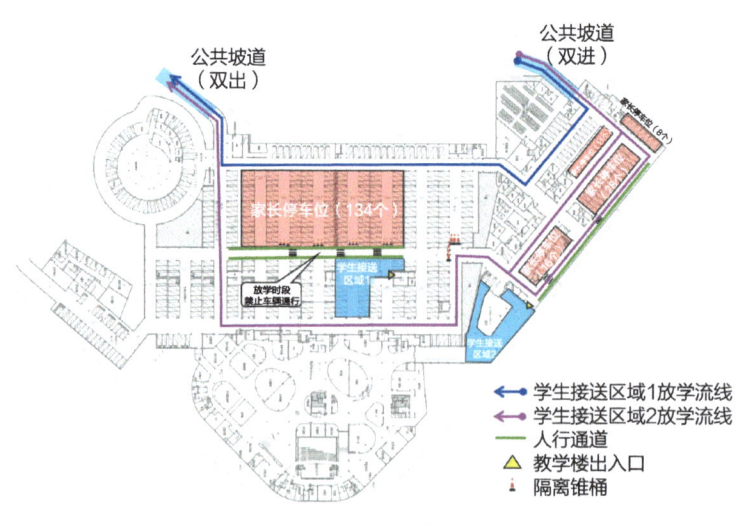

图 13 放学优化路线

（3）优化功能分区

设置接送学生区、家长停车区、教职工停车区，避免车辆无序通行造成交通拥堵和安全隐患；通过增加路面彩铺，保障学生通行空间，实现"人车分离"，提升安全性，如图 14 所示。

图 14 优化地下接送功能分区

3. 构建地面接送系统

（1）时空分离接送

通过不同年级分配不同接送出入口，实现"空间分离"；通过不同年级设置不同上下学时间，实现"时间分离"如表 4 所示。

表 4 各年级上下学时间、出入口安排表

年级	上学时间	放学时间	接送口
四年级		16:30	3 号门
五年级	7:40—8:00	16:30	2 号门
六年级		16:40	1 号门
七年级 八年级 九年级	7:00—7:30	17:00—18:00	1/2/3 号口均可

通过增设行人专用出入口，实现人车空间分离，如图 15 所示。

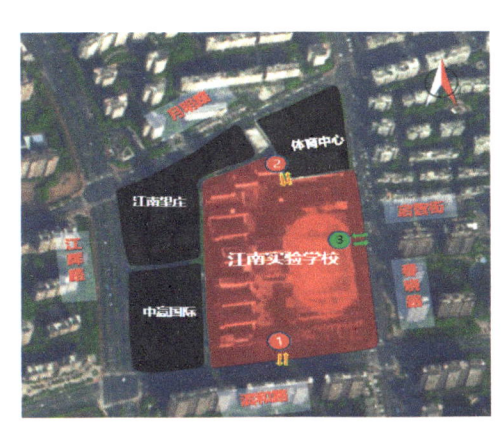

图 15　春晓路增设 3 号行人出入口

（2）规范停车秩序

一是通过取消路内停车位，设置限时停车带，7:00—8:00 即停即走，16:00—18:00 限停 20min，规范接送车辆秩序，如图 16、图 17 所示。

图 16　治理前路内停车位　　　　　图 17　取消路侧停车位，设置限时停车带

二是通过调整道路断面布局，设置安全接送区，规范接送车辆停车秩序，保障学生安全，如图 18、图 19 所示。

图 18　增设安全接送区前　　　　　图 19　增设安全接送区后

（3）保障慢行安全

通过设置行人及车辆信号灯，采取行人过街信号灯控制措施，保障慢行交通安全，如图20、图21所示。

图20　增设专用信号灯前　　　　图21　增设专用信号灯后

4. 加强组织管理

（1）政校共治

通过专班进校园宣讲交通治理措施、加强求知专线驾驶员培训等方式，加强宣教，促进共治，如图22、图23所示。

图22　交警入校宣讲　　　　图23　加强专线驾驶人培训

（2）家校联动

组建护学岗：由家长志愿者协助护送学生乘坐公交、主动帮助送学生车辆开车门减少停车时间、维护接送时段通行秩序等工作，如图24、图25所示。

图24　求知专线护学岗　　　　图25　地库接送护学岗

推广即停即走三部曲：首先，学生乘车时坐在靠下车一侧；第二，志愿者在即停即走区域等待；第三，家长停车后，志愿者打开车门，学生快速下车。在家长、学生、志愿者的配合下，整个下车过程仅用时 8s，有效提升了接送区域的车辆运转效率，缩短了上学高峰期间对周边道路的交通影响，如图 26 所示。

图 26　上学即停即走三部曲

（3）加强违停治理

一是规范停车秩序，通过设置违停抓拍设备，对违停车辆进行抓拍，严管无序停车，减少对道路通行的影响，如图 27 所示。

二是开展违停信息公告，对于接送违停车辆，由学校进行公告，敦促家长改进。

图 27　违停自动抓拍

实施效果

1）公交分担率超过 60%，多数学生选择乘坐求知专线上下学，有效降低了私家车接送需求，如图 28 所示。

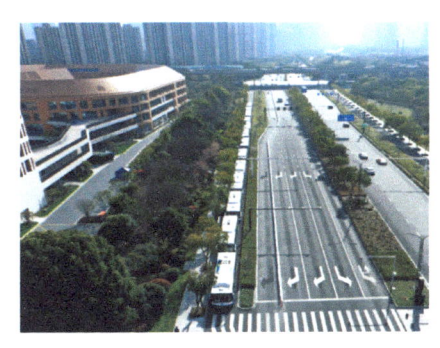

图 28　求知专线效果展示

2）拥堵状态明显改善，学校周边道路早晚高峰平均拥堵指数下降至 1.45 以下，下降幅度 27.5%，较少发生交通拥堵，如图 29 所示。

图 29　周边道路治理后效果展示

3）接送效率和秩序大幅提升，通过优化接送功能分区、改善进出口组织、家校联动等措施，提高接送效率，家长停车秩序也明显改善，如图 30、图 31 所示。

图 30　地库通道治理前　　　　　　　　图 31　地库通道治理后

学校周边儿童友好街区改造提升通行安全和效率

案例简介

针对学校周边人车混行、停车难、局部拥堵严重等问题,威海市山大实验学校通过设置通学道路、完善慢行交通设施、设置停车区域、优化信号配时等措施,实现了机非分离通行,在学生过街安全性提升、路侧违停改善、路段通行效率提升等方面取得较好效果。

现状情况及问题分析

山大实验学校位于威海市高新区科技路以北、福山路以西,分为小学部和初中部,共有学生 4000 余名。学校周边主要有 6 条通学道路,其中文化路是贯穿城区东西方向的主干路,交通流量大、道路饱和度高;科技路和火炬路是学校周边东西方向的次干路;福山路、吉林路和长春路是学校周边区域南北行车的重要通道,日常车辆较多,易产生道路拥堵,如图 1 所示。

图 1 学校周边区域主要道路图

学校附近建有多个住宅小区,周边的盛德丽景茗都、昌鸿小区和丽都家园是大型住宅区,早晚高峰时段交通密集。上下学期间学校周边存在停车困难、车辆通行不畅、局部拥堵严重等问题。另外学校周边缺少护学通道,安全隔离设施不足,易造成人车混行,学生过街安全保障不足,如图 2 所示。

图 2　学校周边区域问题分析图

1. 交通环境较差，通学安全性低

学校的南门是学生上下学的主要出入口，南门出口即是科技路。据调查，科技路作为主要的通学道路，交通安全设施和行车诱导标志、标线等设施不足，未进行人车分离通行管理，无法保障通学时段学生及家长的过街安全。

2. 停车组织不足，停车秩序较差

学校及周边区域未设置专用的停车场，也未对通学车辆的停放进行合理规划和有效组织，只能停放在学校外部，占用行车资源，接送学生的车辆没有固定停放区域，驾驶人随意停靠，严重影响正常交通通行，停车秩序混乱。

3. 交通标志、标线不完善，行车组织混乱

据调查，学校南面的科技路，未进行道路导向标志的渠化，也未设置"前方学校，减速慢行"等字样的提醒标志来警示驾驶人注意行人，并且原有的人行横道标线模糊不清。因此，有必要对学校周边道路交通标志、标线设置进行调整和优化。

优化思路

▶ 针对通学安全性不足的问题，通过设置通学道路、进行儿童友好街区改造，提升学生及家长过街安全性。

▶ 针对学校周边停车组织不足、随意停放影响正常车辆通行的问题，通过设置专门停车区域，增加停车空间，规范停车秩序。

▶ 针对标志标线等设施设置不足、拥堵严重等问题，通过完善设施、优化信号配时等措施，提升通行效率。

优化措施

1. 设置通学道路，提高交通安全性

对科技路（吉林路—福山路）进行改造，学校南门科技路北侧人行道改为蓝色防滑路面的护学通道，改造宽度为4m，长度为215m，不仅保证了通学时段学生的人身安全，还提升道路的美观性。同时，在行车道的最外侧设置人车隔离护栏，对行人和车辆进行空间隔离，防止由于人车混行而造成的交通事故。另外，完善人行横道标线，铺设彩色行人过街通道，如图3、图4所示。

图3　通学道路设置图　　　　　图4　人行横道彩色铺设图

2. 设置停车区域，保障停车秩序

对学校南门科技路北侧道路的最外侧车道进行改造，设置临时停车区域并进行彩色路面铺装，停车路段改造宽度约为2.5m，长度约为300m，通过划分临时停车区避免机动车、非机动车在学校周边无序停放、接送秩序混乱等现象，从而保障道路正常通行，如图5所示。

图5　临时停车区域划分图

3. 完善道路标志、标线

完善科技路导向标线，规范行车组织，确保不同行驶方向的车辆能够各行其道，防止"窜道"现象发生。同时在学校门口施划黄色网格禁停区，确保学校门口的出入通畅。设置限速30km/h标志，同时在学校南门东50m处设置"注意学生"标志，来提醒驾驶人减速慢行，避免发生因超速行驶造成的交通事故，如图6、图7所示。

图6　学校门口禁停标志图　　　　　图7　学校周边区域限速标志图

4. 优化信号配时

1）上学期间信号配时优化，信号周期由原来的100s扩大到136s，改变原来的相位相序，在东西方向放行结束后、南北方向放行开始之前，增加行人和非机动车专用相位，保障送学期间行人过街安全，同时提高过街效率，如图8、图9所示。

2）放学期间信号配时优化，信号周期由原来的66s扩大到139s，增加东西方向的放行时间，改变原来的相位相序，在东西方向放行结束后、南北方向放行开始之前，增加行人和非机动车专用相位，保障行人过街安全，同时提高过街效率，如图10、图11所示。

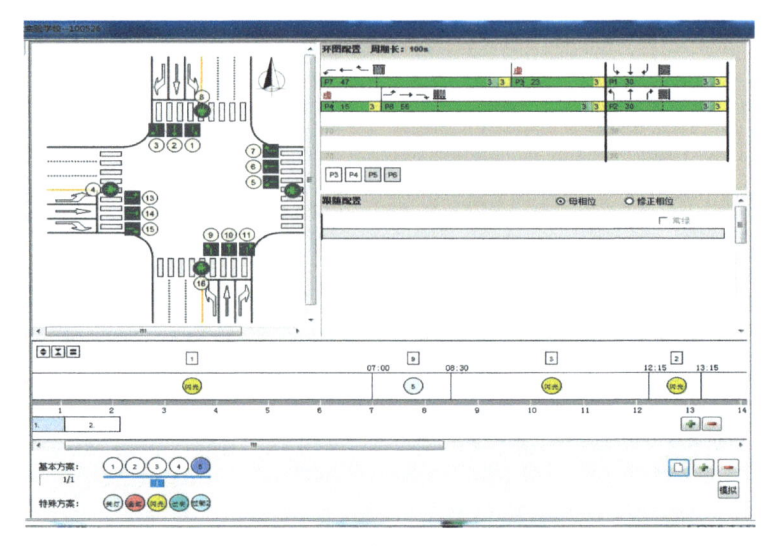

图8　上学期间信号优化前

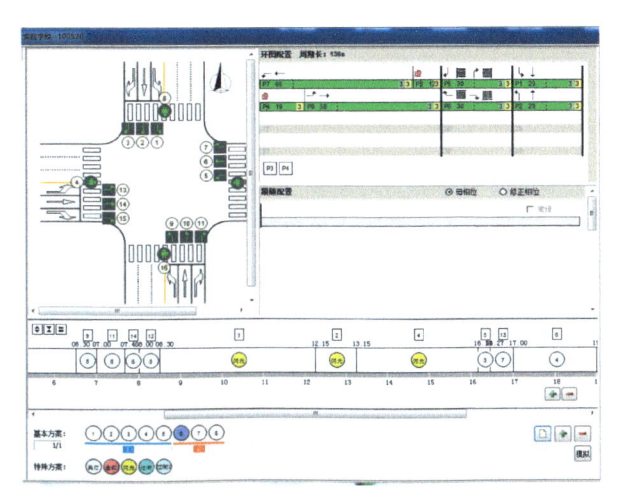

图9 上学期间信号优化后

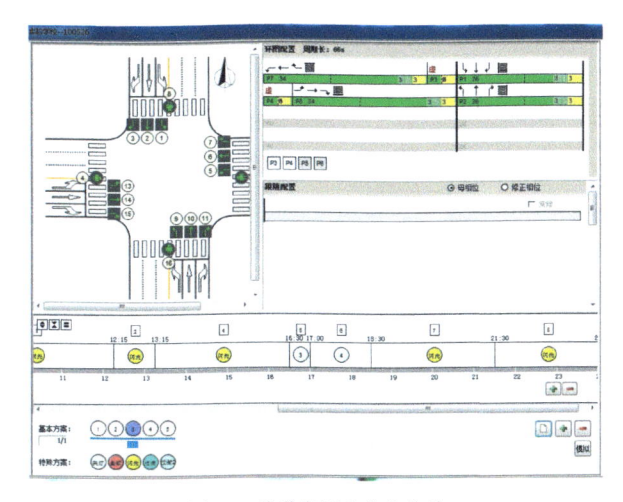

图10 放学期间信号优化前

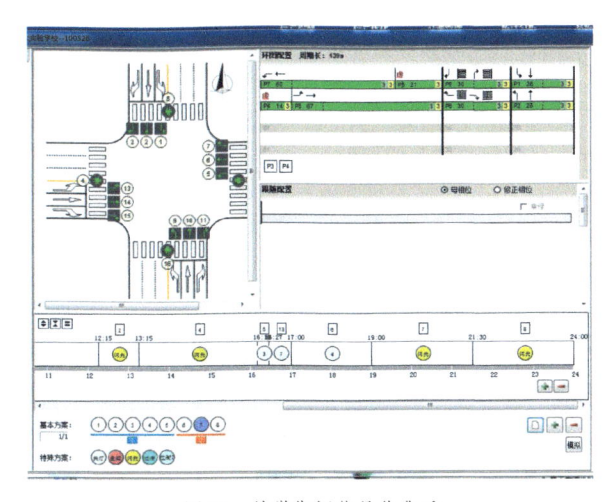

图11 放学期间信号优化后

实施效果

1. 停车秩序明显改善，路段通行效率显著提升

通过对学校南门科技路北侧道路进行改造，设置彩色路面的临时停车区域，既保障了接送学生车辆临时停车需求，也减少了对路段正常行驶车辆的影响，路侧停车秩序得到明显改善，路段通行效率得到有效提升，如图 12、图 13 所示。

2. 护学通道实现人车分离，通学安全性得到有效保障

通过对科技路进行工程改造，将科技路北侧人行道改为蓝色防滑路面的护学通道，同时在行车道的最外侧设置人车隔离护栏，并铺设彩色行人过街通道。有效解决了人车混行的问题，学生的通学安全和行人过街安全得到充分保障，学校周边的交通安全状况大幅提升。

图 12　街区改造前

图 13　街区改造后

学校区域"四位一体"交通综合治理模式

案例简介

学校周边交通普遍存在停车供给不足、交通组织不完善、常发性拥堵现象突出、多部门综合治理不足等问题。西安公安交警坚持"一校一策"的原则,"量体裁衣"式提出针对性治理措施,通过"错时共享停车、精细交通组织、强化秩序整治、社会联动共治"的"组合拳",形成了"四位一体"的学校区域交通综合治理模式,并在多个学校实施,全面优化校园周边道路交通环境,实现了服务校园出行与优化交通环境的双重效果。

现状情况及问题分析

1. 停车配套不足,违停影响道路通行能力

校园周边道路停车配套设施先天不足,上下学时段路侧违停现象频发,严重影响道路通行能力。以西安市高新一中为例,全校共有师生 1600 余人,出行车辆约 450 辆,在上下学高峰时段,受周边停车位供给有限等因素影响,接送学生车辆在学校门前唐延路主干道违法双排、三排停放,严重影响唐延路主干道通行能力,并波及区域路网良性运转,如图 1 所示。

图 1 违停现象严重

2. 交通组织与设施设置不协调,运行效率不高

部分校园周边道路停车场出入口设置、单行道设置等交通组织仍有提升空间;道路基础设施设计不合理,车道、标志标线、减速带设置不合理等带来交通安全隐患;步行与非机动车系统不完善,导致交通运行效率低下,如图 2 所示。

3. 高峰时段人车混行,秩序乱加剧道路交通拥堵

"双减"政策实施后,师生上下学与城市通勤高峰叠加,接送学生人流、车流与日常通行车流相互影响,加之机非混行、行人横穿马路等现象,各类交通参与者无视路权混行,交通秩序混乱,降低道路通行效率的同时,也存在较大安全隐患,如图 3 所示。

图 2　上下学高峰学校门前交通运行情况实景图

图 3　非机动车违法行驶现象明显

4. 部门沟通配合力度不足，交通治理综合效能低

校园周边交通治理是系统工程，需全社会、政府各部门齐抓共管，共同努力进行治理。但目前部门联动齐抓共管的综合性工作机制仍不健全，教育、住建、交通等职能部门与公安交警配合力度不足，管理合力尚未形成，导致交通治理综合效能不佳。

优化思路

➢ 错时共享停车。深挖停车资源潜能，通过错时放学、定制车位、共享车位等手段盘活现有停车资源，缓解停车难题。

➢ 精细交通组织。精耕细作优化组织，通过优化单行流线、合理设置出入口、创新路口交通设施设置等措施，明晰马路"语言"，规范学校门前通行秩序，确保师生出行安全。

➢ 强化秩序整治。科学安排勤务强化治理，通过学校门前"护学岗"、城区干道"马路学堂"等方式，加大学校门前交通秩序整治力度，全力构建秩序良好、人车安全的交通环境。

➢ 社会联动共治。建立综合治理机制，通过推动政府主导、部门共治体制的建立，依托社会力量，警校家联动，打造共建、共治、共享的校园区域交通治理新格局。

优化措施

1. 精准施策，规范校园周边停车秩序

因地制宜增加校园周边停车位供给，制定更精细、更规范的临停管理措施，高效利用空

间资源，促进校园周边停车管理主体由一元向多元合作转变。

（1）深挖潜能，增加供给

西安公安交警通过深入校园周边区域实地踏勘调研，明晰交通特点，采用设置接送学生专用限时停车位、临时停车场等举措，增加停车位供给。如，陕师大附属实验小学，在确保非机动车通行安全、顺畅的前提下，在学校周边增设学生接送专用限时停车位30余个，允许上下学时段接送学生车辆临时停放；高新一中初中部，在充分调研及与有关部门协调地块使用问题后，利用科技二路以北和枫叶苑以南三角区域空地，建设公共停车场，为接送车辆提供临时停放场地，可停放车位200余个，如图4、图5所示。

图4　学生接送专用限时停车位　　　　图5　高新一中新建停车场位置

（2）打破壁垒，协商共治

通过与校园周边经营性停车场协商，为接送车辆提供停放车位。以高新一中高中部为例，西安交警协调周边海关、银河科技园和银河新坐标三家经营性停车场（共计车位60余个），在放学时段允许学生家长免费临时停放车辆，如图6所示。

图6　校园周边免费临时停车场

（3）错峰放学，错时停车

通过警校家三方座谈，采取不同年级错峰放学的方案，并要求接送车辆即停即走，降低放学高峰交通负荷。以高新一中（初中部）为例，七年级放学时间调整为 18:00，八年级放学时间调整为 18:30，九年级放学时间调整为 18:55。同时，开放学校南门，缓解正门高新路的交通压力，高新一中初中部共计 84 个班，每个年级 28 个班，学校根据每个放学时段，安排不同班级分别从东门和南门进出，如图 7、图 8 所示。

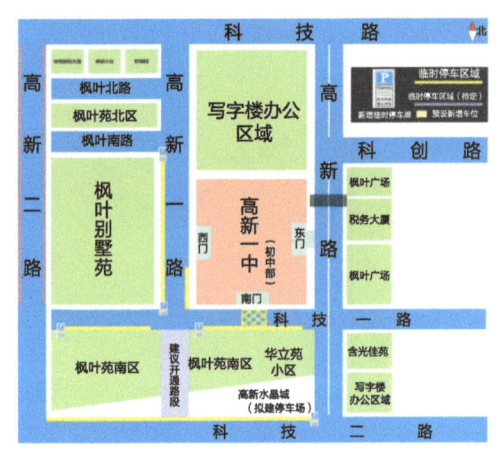

图 7 高新一中（初中部）校门位置　　图 8 打开学校南门实行错峰放学

（4）精准管理，加大整治

对校园周边停车场按照年级、班级进行划分，精准管理接送车辆。同时，利用科技手段智能抓拍违法停车，打造校园周边违停严管区，规范停车秩序。在高新一中，校方制作了临时停车卡发放给学生家长，允许接送学生车辆在指定区域、时段临时停放，每次不得超过 15min。此外，为整治高新一中初中部区域违停问题，西安公安交警在周边高新路、高新一路、科技一路、科技二路等邻近路段安装智能抓拍违法停车电子警察，建立违停严管区。多措并举开展综合治理，校园周边停车秩序大有改善，如图 9~图 14 所示。

图 9 高新一中（高中部）临时停车卡　　图 10 临时停车区域标志

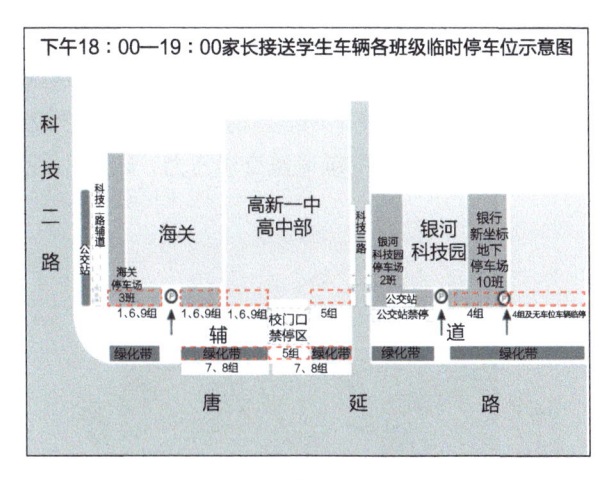

图 11　高新一中（高中部）高一停车位示意图

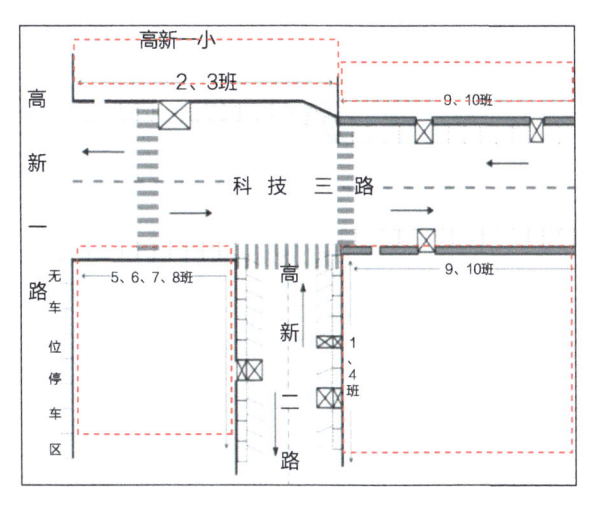

图 12　高新一中（高中部）高二停车位示意图

图 13　高新一中（初中部）临时停车证　　图 14　高新一中（初中部）违停严管区

（5）共享数据，加强诱导

在高新一中（初中部）周边区域道路设置三级 VMS 情报板（一级、A 型：片区信息诱导屏；二级、B 型：干路信息诱导屏；三级、C 型：停车场信息诱导屏），发布学校周边各类交通信息，精准引导日常通勤需求远端分流，缓解校园门前道路交通压力，如图 15 所示。

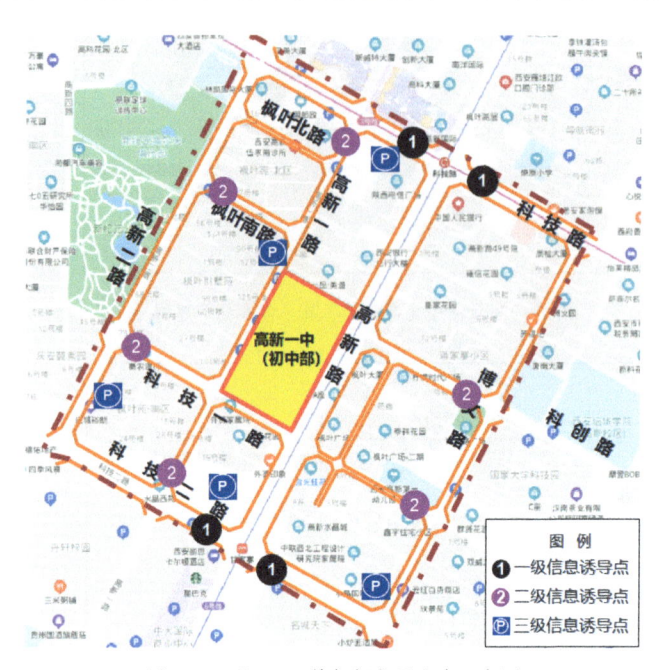

图 15　三级 VMS 情报板位置分布示意图

2. 科学组织，完善周边道路交通设施

（1）完善交通设施

西安交警通过对西安 726 所中小学及幼儿园门前交通设施全面摸排，规范学校门前交通标志标线等设施设置，如在陕西师范大学锦园小学门前增设网状线，合理设置过街斑马线，配套完善"车让人""向左看"地面警示地标，按照"多杆合一"原则增设警示标志和减速交通标志等，在西安高新第一小学门前增设可移动式隔离护栏，遇突发事件可随时打开进行交通应急处置等，2022 年以来已累计优化学校 78 所，校园周边交通环境得到极大提升和改善，如图 16~图 19 所示。

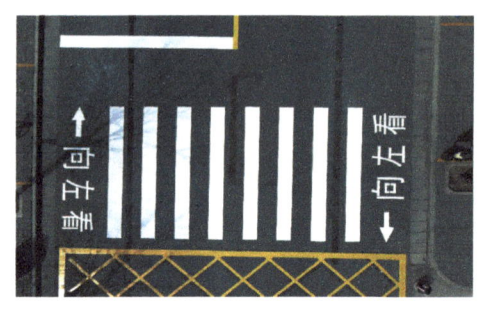

图 16　斑马线"向左看"地标　　　　图 17　创新学校区域组合标线

图18　陕师大锦园小学标线施划图 　　图19　高新第一小学门前新增设施

（2）设置单行方案

在充分考虑学校周边路网密度及通行情况后，可以科学设置单行方案。在高新一中周边，交警部门将科技一路（高新一路—高新路）改为单行路，并利用周边主干道对车流进行分流。在星火路小学和西安市67中学周边，交警部门对明珠巷实施由北向南单向交通组织，由原来的双向通行调整为北向南单向行驶，同时对星火东巷实施由西向东单向交通组织，改善"慢行交通"体验，由之前的双向通行调整为西向东单向行驶。此外，交警部门还在长缨路小学周边南四合窑区域实行单行微循环，缓解了因道路狭窄、上下学流量大而引起的拥堵问题，如图20~图22所示。

（3）优化信号控制

针对学校周边交通流潮汐现象明显、学生聚散时间集中等特点，通过优化周边信号灯配时的方式，不断提升交通管理效能。对西安市高新一中周边11处交通信号灯配时进行整体调整优化，区域路网通行效率有效提升。在西安市雁塔区第一学校增设智能行人过街信号灯，通过电子监控智能识别过街行人，并根据行人过街流量自动调节信号灯管控方案，通过优化交通时空资源配置，让校园师生出行更加安全便捷，让交通秩序更加有序规范，如图23所示。

图20　高新一中（初中部）附近单行　　图21　星火路小学及西安市67中学附近单行

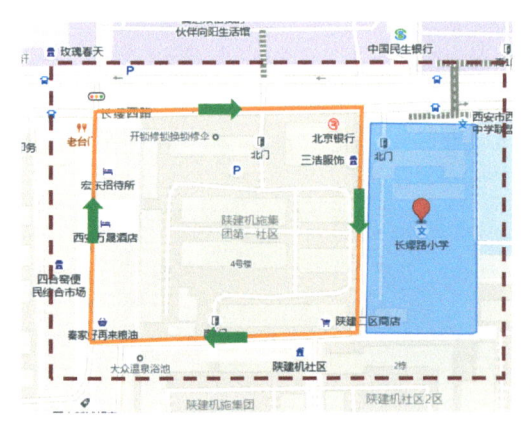

图 22　长缨路小学附近单行微循环　　　　图 23　智能行人过街信号灯（西安市雁塔区第一学校）

3. 秩序整治，力求交通治理取得实效

（1）设置护学岗及教育处罚点，加强校园周边巡查管控

坚持"千警上路"勤务模式，重点时段在学校门前设置护学岗，加强违停、两轮及三轮载客等交通违法行为的秩序整治，净化出行环境。并通过设立"车让人、人守规"暨"一盔一带"教育处罚点，进一步规范学生家长交通行为，确保出行安全，如图 24 所示。

图 24　护学岗

（2）创新综合治理思路，设立"马路学堂"

为加强治理力度，西安公安交警在坚持以"普法为主、处罚为辅"的原则下共设立 85 处马路学堂，采用"安全宣传＋警示教育＋违法查处"相结合的模式，通过观看警示教育片、阅读宣传展板、参加小测试等形式多样的宣传教育方法，推广文明出行理念，进一步加强校园交通安全宣传与教育，如图 25 所示。

图 25　马路学堂

4. 社会联动，共保校园出行安全顺畅

（1）警校家联动，共擎校园安全保护伞

深入学校召开家委工作会，给家长们发公开信，由学校每天安排家长志愿者、保安与交警共同维护上下学时段校园周边交通秩序，为综合治理添砖加瓦，如图26~图28所示。

图 26　志愿者维护周边秩序　　　　　　图 27　致2022届家长的一封信

图 28　同高新一中召开家委工作会

（2）部门共治，提高综合治理能力

与教育局及西安市各区政府、应急局等各部门建立协作机制，定期开展实地联合调研，针对新发拥堵问题进行分析研判，科学制定方案，并迅速推动落实。针对学校门前师生过街安全隐患问题，及时报告属地政府部门，通过新建立体过街设施，完善人行道、非机动车道设置等措施，用工程"微改造"实现交通安全"大提升"。如西安市公安交警以中心城区交通优化提升行动为契机，联合交警高新大队，充分发挥部门联动治理交通安全隐患的机制，会同高新管委会在西安高新第一小学门前增设人行过街天桥，确保师生过街安全，如图29所示。

图 29 部门联动在西安高新第一小学门前增设人行过街天桥

实施效果

1. 拥堵问题有效缓解，社会各界一致好评

通过采取错时共享停车，完善优化交通组织，建立警校家联动共治机制等措施，有效缓解了部分学校区域拥堵问题，获得社会各界一致好评。经西安交警大数据路况平台对优化前后拥堵指数进行对比分析，在措施实施后，高新一中初中部、高新一中高中部、陕师大附属实验小学、陕师大锦园小学、高新第一小学等五所学校周边道路拥堵指数平均降幅11.17%，如图30所示。

五所学校周边道路优化前后对比

	唐延路（高新一中高中部）	高新路（高新一中初中部）	工农路（陕师大附属实验小学）	玄武路（陕师大锦园小学）	科技三路（高新第一小学）
拥堵指数下降比率	15.71%	8.82%	22.45%	1.87%	7.02%
优化前	3.82	3.63	1.96	2.67	3.56
优化后	3.22	3.31	1.52	2.62	3.31

图 30 五所学校周边道路优化前后对比

2. 违停现象减少，道路交通秩序良好

通过增加学校停车供给（累计设置限时段接送学生停车位59处共计车位2028个；协调

错时共享停车场43个共计停车位11913个），规范停放管理措施，加大管理整治力度等手段，解决了校园停车难题，周边违停现象明显减少，为校园周边创建良好的交通环境，如图31所示。

图31 施划学生接送专用限时车位标线、增设配套标志

3. 出行环境有效提升，事故发生率大大降低

通过对学校区域交通的综合治理，2023年一季度学校周边事故发生率同比下降62%，构筑学校周边安全顺畅的交通环境，如图32所示。

图32 治理后上下学时段学校门前实景图

学校集中片区交通综合治理

案例简介

针对学校集中片区交通量流大、交通秩序混乱、通行效率低、交通拥堵严重和交通安全隐患较大等问题，佛山市实验学校片区通过推行学校集中片区"校车共享"、优化接送学管理，设置智慧潮汐车道、接送车道、护学走廊等综合交通改善措施，规范了接送交通秩序，提高了接送交通效率，缓解了学校周边道路交通拥堵，提升了学校集中片区交通服务品质，获得了社会各界广泛赞同。

现状情况及问题分析

佛山实验学校片区为魁奇路—南海大道—绿景路—文华路围合区域，面积约 1.5km²。片区路网呈"四横四纵"结构，外围为主干路，内部为次支路，片区路网较为完善。片区内有 5 所学校，包括佛山市实验学校、环湖小学、华英中学和 2 个幼儿园，学位约 1 万个。片区内有 7 个居住小区，住户约 6500 户，居民约 2 万人。具体如图 1、表 1 所示。

图 1　片区路网和用地概况图

表 1　周边学校情况一览表

学校	等级	规模	校门
实验学校	小、初、高	学生 4500 人（走读 3400 人），教职工 350 人	西门（荷园路）和北门（深华路）
华英学校	初、高中	学生 2900 人（走读 800 人），教职工 200 人	西门（湖景路）和北门（深华路）
环湖小学		学生 2700 人（全走读）	南门（湖明街）和西门
九珑璧幼儿园	幼儿园	学生 540 人	沿湖景街设置
卡尔加里幼儿园	幼儿园	学生 270 人	沿湖景街设置

该片区位于佛山市中心区，片区用地开发强度高，集中了大量的学校和居住小区，交通量大，出行集中，交通拥堵和安全隐患问题突出，具体如表 2 所示。

表 2　周边路网情况一览表

道路	等级	断面	备注
魁奇路	主干路	双向 8 车道 + 辅路	
南海大道	主干路	双向 8 车道	
绿景路	主干路	双向 6 车道	部分环湖小学接送车辆在绿景路违停
文华路	主干路	双向 6 车道	
深华路	次干路	双向 6 车道	沿线有实验学校、华英中学北门
湖景路	次干路	双向 4 车道	华英学校西门（主门）
荷园路	支路	双向 4 车道	实验学校西门（主门）
湖明街	支路	双向 2 车道	环湖小学南门（主门）

1. 片区地处学校密集区和住宅密集区，小汽车出行总量大

实验学校片区地处学校密集区和住宅密集区，交通组成包括学校的接送交通、居住小区的通勤交通和片区路网的过境交通。

据调查，该片区学校的接送小汽车交通量约为 3400 辆（其中实验学校有 2150 辆），居住小区的小汽车交通量约 3000 辆，过境交通量约 1500 辆。深华路（位于实验学校北门）、荷园路（位于实验学校西门）早晚高峰小汽车交通量分别为 3200Pcu/h 和 1300Pcu/h。

2. 受接送车辆干扰，片区路网交通秩序混乱，通行效率低

学校接送交通设计有待优化，"警家校"模式落实不到位，交通管理不到位，部分车辆路边随意停车，长时占用道路资源，致使校园周边路段交通运行秩序混乱，通行效率低。以实验学校为例，上学时段，约 30%（644 辆）送学车辆未按照要求即停即走。放学时段，约 56.5%（1213 辆）接学生车辆停车时间超过 15min。致使上下学时段，紧邻学校的深华路、荷园路严重拥堵，拥堵时长超过 30min，道路交通运行的情况如图 2 所示。

图 2　深华路、荷园路交通运行情况

3. 周边道路设施设计仍存在一些问题，影响道路通行效率和交通安全

1）深华路—荷园路、湖景路路口，为次干路相交路口，转弯半径达 25m，路口停止线距离达 75~80m，路口空间过大，通行效率低。同时，行人驻足区面积不足，影响慢行交通安全，如图 3 所示。

2）深华路—荷园路东进口掉头，影响行人过街交通安全。

3）实验学校部分学生晚自习后放学，夜间过街需求较大，但荷园路路段过街警示设施不足，夜间过街存在安全隐患。

图 3　深华路—荷园路交叉口现状问题

优化思路

➢ 针对学校集中片区小汽车出行需求大的问题，通过开通共享校车，从源头减少小汽车接送需求，设置接送临时停车场，减少路段停车接送需求。

➢ 针对接送时段拥堵严重的问题，通过设置智慧潮汐车道、送学车道＋护学走廊、优化车道分配等措施，分离接送交通与过境交通车，提高通行效率，缓解路网交通拥堵。

➢ 针对周边设施不足、存在安全隐患等问题，通过设置发光斑马线、U 形护栏等措施，提高慢行系统舒适性和安全性，具体思路如图 4 所示。

问题	策略	措施
多种交通叠加，小汽车交通总量大	减总量（减少小汽车出行总量）	1.推行共享校车，从源头减少小汽车出行 2.新增路外停车场，降低路内停车总量
受接送车辆干扰，路网通行效率低	提效率（提高通行、接送效率）	3.实验学校周边创新送学管理方式 4.环湖小学周边优化交通组织、升级管理 5.片区拥堵节点、路段挖潜改造
设施细节有待完善，交通安全隐患大	保安全（保障学生出行安全）	6.智慧斑马线助力学生夜间过街安全 7.完善慢行路径路权、提高舒适性和安全性

图 4　交通改善思路图

优化措施

1. 推行共享校车，从源头减少小汽车出行

佛山创新提出"共享校车"理念，按照"政府主导、企业运作、行业监管"的运营模式，实现校车共享化、公交化，整合校车资源，从源头上减少小汽车出行。通过联合实验学校和环湖小学开通共享校车，为学校 500~3000m 范围内居住的学生提供接送服务，如图 5 所示。

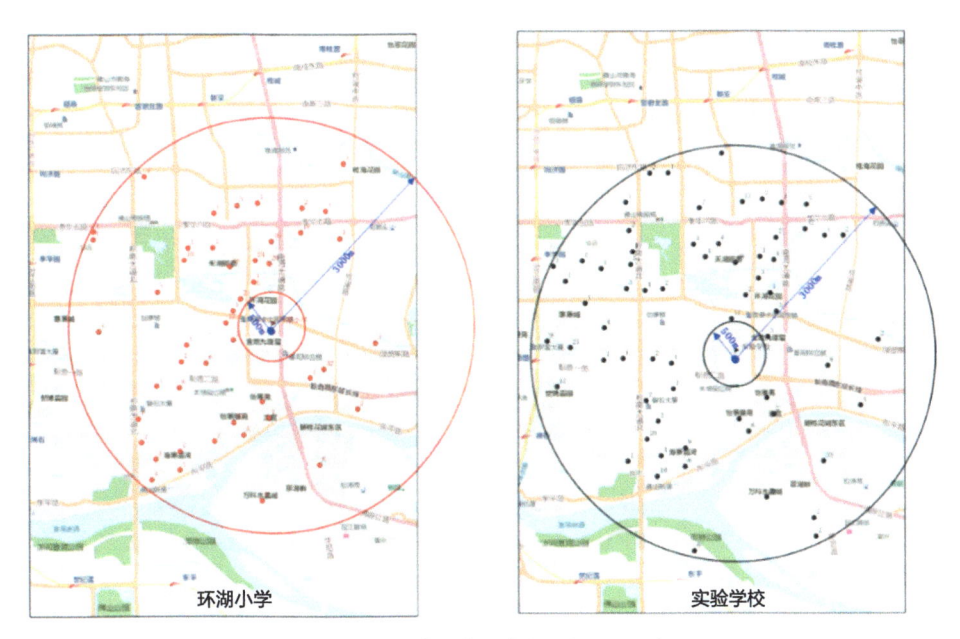

图 5　环湖小学及实验学校家庭居住分布

2. 新增路外停车场，降低路内停车总量

利用实验学校南侧绿化空间设置植草砖停车场，约增加 160 个停车位，主要服务需要较长时间停放的接送车辆，实施限时收费管理，确保停车场为接送学生车辆使用，如图 6 所示。

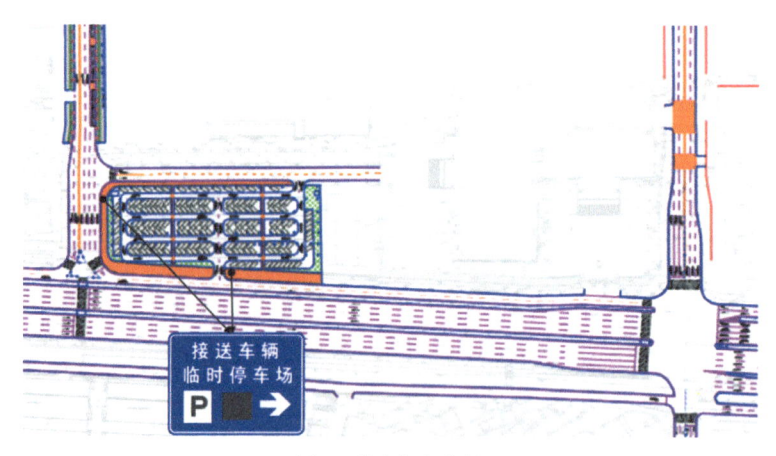

图 6　停车场方案图

3. 优化实验学校周边送学管理方式

为改善由于车辆随意停车、长时间停车导致学校门口路段混乱及低效的问题，实验学校升级"警家校"管理模式，设置"护学通道＋送学车道"，提高送学效率。

1）"护学通道"直连校门，延长有效的落客区，提高接送效率。在实验学校北门（深华路）、西门（荷园路）分别设置长约170m的"护学通道"。护学通道采用护栏进行管理，并设置风雨连廊，解决下雨天接送问题。

2）靠近校门侧设置"送学车道"，规范车辆停车区域，提高接送秩序和效率。深华路、荷园路靠近校门侧的最外侧车道设置为"送学车道"，并设置地面文字标注。送学车道采取分组设置＋义工辅助接学生，4辆车一组（长24m），配备2个家长义工，并设置护学通道开口，方便将学生快速送入护学通道，如图7所示。

图 7　护学走廊＋送学车道实景图

3）荷园路设置智慧潮汐车道，动态调整车道方向，合理分配道路资源。荷园路现状早晚高峰期靠近校门侧南往北接送车辆需求较大，因对向车道沿线单位出入口较少，需求相对较少。早高峰北往南500pcu/h，南往北800pcu/h，荷园路仅双向4车道，综合考虑，将北往南方向内侧车道设置为潮汐车道，早晚上下学高峰"1+3"，平峰"2+2"，动态调节道路资源，缓解上下学接送车辆拥堵。潮汐车道采用"马路机器人"的新型智能设备，实现动态智能遥控。潮汐车道如图8所示。

图 8　智慧潮汐车道实景图

同时，在深华路—荷园路、魁奇路—荷园路路口配套设置可变导向车道，适应潮汐车道改变车道运行方向后交叉口的交通组织。所用的标志版面设计如图 9 所示。

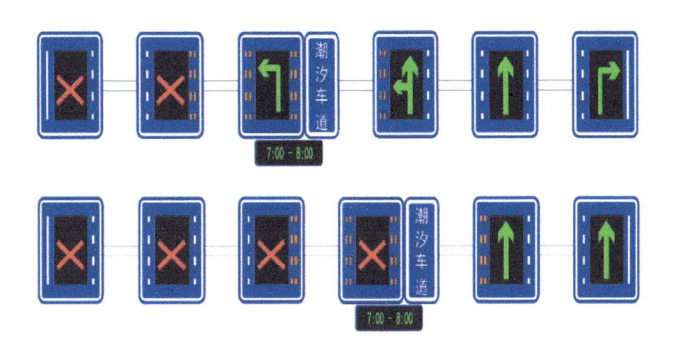

图 9　门架式标志版面设计图

4）压缩深华路绿化带和车道宽，西往东增加一条车道，提高过境通道能力。通过将深华路（荷园路—湖景路）段中间绿化带更换为隔离护栏，同时压缩原车道宽度，西往东方向增加一条车道，提高过境通行能力，如图 10 所示。

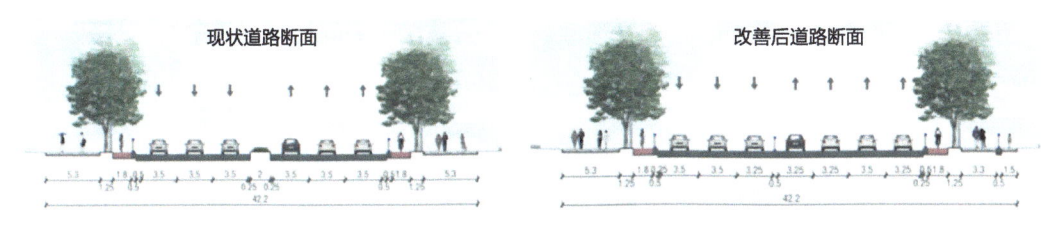

图 10　深华路改善前后断面图

4. 环湖小学周边优化交通组织

环湖小学周边现状单行交通组织，缓解了进出接送车辆交织问题，但驶离效率低造成短时拥堵。尤其是湖明街与绿景路、支路节点交织混乱，通行效率低，高峰期拥堵严重，结合环湖小学问题，提出以下改善措施。

151

1）采用 LED 显示屏管理单行组织，提高灵活性和可辨识度。湖明街及学校西侧支路，将原固定式单行标志牌更换为 LED 显示屏，可动态显示单行交通内容，提高灵活性和可辨识度，如图 11、图 12 所示。

图 11　LED 显示屏示意图 　　　　　图 12　增加的 LED 显示屏现场照片

2）湖明街优化为双向三车道，增加进口道车道数。优化湖明街道路断面，设置为双向三车道，增加进口道通行能力，如图 13 所示。

图 13　湖明街改善断面图

5. 完善慢行路权，提高慢行安全，打造舒适慢行环境

在荷园路（实验学校西门前）无信号过街处设置行人感应发光斑马线，警示机动车礼让行人，助力学生夜间过街安全。

在湖明街（环湖小学南门所在支路），使用振动标线隔离非机动车道，保障非机动车路权，提高安全性；同时在慢行道路侧增加 U 形矮护栏，分隔慢行空间与建筑停车空间，保障慢行空间不被占用，如图 14、图 15 所示。

图 14　改善后非机动车车道照片 　　　　图 15　新增 U 形矮护栏现场照片

实施效果

佛山市实验学校片区交通综合治理方案实施后，取得了良好的效果，成为佛山市"畅通工程"的示范工程，出现在新闻专题报道中并获得了社会各界的赞扬，如图16所示。

1. 共享校车试点成功，效果良好

自试点开通以来，片区投放13辆全新校车，可乘坐人数近500人，有效减少了接送小汽车总量，缓解道路通行压力，并已在佛山南庄、澜石等其他片区推广。新增路外停车场，可提供约130个车位供接送车辆临时停放，有效缓解接送车辆停放问题。具体如图17~图19所示。

图16　新闻专题报道截图

图17　实验学校片区共享校车　　　　　　图18　澜石片区共享校车

图19　新增路外停车场航拍

2. 接送效率得到明显提升

荷园路和深华路设置"接送车道"+"护学通道"之后，排队长度减少约500m。荷园路智慧潮汐车道投入使用后，荷园路早高峰运行状况良好，交通运行秩序得到有效改善。深华路铲除绿化增加车道后，通行能力明显提升，早高峰交通拥堵得到有效缓解。

3. 交通秩序得到改善

高峰期间单行道路车辆逆行现象明显减少；人行道违停车辆减少，人行空间得到有效保障。湖明街设置为双向三车道后，拥堵缓解明显。改善情况如图20~图23所示。

图20 荷园路改善前早高峰

图21 荷园路改善后早高峰

图22 深华路改善前早高峰

图23 深华路改善后早高峰

商圈交通秩序提升

区域管控化解商圈节点回溢风险

"软硬并施"缓解商圈效应显著路口拥堵

综合施策缓解金融中心区交通拥堵

商圈交通秩序提升

在我国，城市商圈一般位于城市或行政区的核心位置，区域内各种购物、休闲、娱乐、餐饮、办公等设施云集，使之成为是城区中最富有活力的地方，也是城市经济发展的集中体现。因此，商圈成为城市交通出行的强吸引点，大量人流、车流和物流汇集于此，在带来繁华热闹的同时，也带来了一系列的交通问题。

总体来看，商圈的交通问题主要表现如下：一是无论是白天还是夜间，无论是工作日还是假日，商圈内的路网交通流量远高于周边路网，使片区路网处于高负荷运行状态。二是到了早晚上下班高峰期，以及餐饮娱乐时段，大量交通会汇入到商圈内部，给商圈内路网的承载、疏解能力带来挑战。三是由于商圈的高吸引性，各种交通方式汇集在此处，复杂的交通结构进一步加大了交通管理难度。四是道路交通基础设施建设滞后于商圈快速发展的需求，特别是在一些老城区内的商圈，由此带来了人行空间缺失、停车供需失衡、路网容量不够、交通服务信息指引不全等一系列问题，加剧了商圈交通问题的治理难度。

仅从问题层面可见，商圈的交通问题不是单因素的结果，而多因素集合的反映。所以优化商圈交通组织，不能局限在区域内部，也不能局限在某一个节点上。要从区域的面到路口的点，层层深入，要考虑与区域周边路网之间的制衡与影响；要着眼于当下和未来，从短期改善，到远期源头治理；要从交通管理角度看待问题，向规划设计、需求调控、宏观政策等多维度转变。

在交通流管控上，一方面通过实施单行、方向禁行等组织措施，将流量从"高地"引向"洼地"。同时，结合城市治理，挖掘潜在的道路资源，提升路网容量，从而均衡交通流量在路网中的分布。结合交通流量的时变特征，通过优化单个路口信号控制方案，采用可变车道、潮汐车道等动态交通组织措施，提高单条道路、单个路口的疏散能力。加强与外围路网的协同管控，通过协同机制，实行慢进快出的调控，减少交通流量的短时集聚，降低对路网的冲击。

在交通需求调控上，商圈应更多地依托公交、轨道等大型集约出行方式作为主要的交通需求支撑，加强交通方式之间的有效衔接，特别是向公共交通的末端延伸。只有集约出行充分体现出便捷、高质、高效，才会吸引更多人群倾向集约出行，从而引导机动车出行数量的降低，缓解片区的交通压力。同时，鼓励个体的错峰通行、企业事业单位的弹性工作制度，通过时间的错位将高峰时段交通需求进行重新分布，缓解大流量交通对商业区路网的冲击。

在交通基础设施上。除了通过常规渠化、交通组织、增设隔离设施等措施来保障商圈慢行交通出行，还可以利用商圈楼宇之间的地下空间和空中连廊，打造立体步行体系，实现人车分离的同时，也更加便利购物、娱乐和通勤。在停车方面，一方面要做好新兴商圈停车供给的规划和配建，通过增设路内停车、闲置地块改造停车场、废旧建筑改造停车楼、平面停车位立体化改造等措施来增加停车资源，同时，还应该利用好经济杠杆、发挥智慧停车管理系统的作用，以此提升停车周转率。此外，还需要积极完善区域内的交通管理基础设施，如设置必要的隔离设施，以期能够有效改善交通秩序。完善交通指引系统，在一定程度上能够减少路网中无效的绕行交通量，施划清晰明了的标线，可以引导车辆有序通行。

总之，商圈交通的优化治理，不能只局限在某一个节点、某一个拥堵路段，而要以全局视角做好区域的顶层规划设计，同时加强交通组织、交通渠化、信号配时、交通设施设置等微观层面设计。

区域管控化解商圈节点回溢风险

案例简介

针对商圈位于市区繁华地带，行人和机动车通行需求较大，容易出现交通拥堵、秩序混乱等问题，汕头交警支队通过采取禁止掉头、区域交通组织优化、外截内疏等措施，实现交通流缓进快出、路网负荷均衡，消除关键节点的进口回溢风险，提升区域整体通行效率。

现状情况及问题分析

长平—金环路口位于汕头市中心商业核心区，该路口作为金砂路与中山路南北向衔接路口，南北向往来车流量较大，且路口四周遍布成熟商业区、住宅区、政务区，给该路口带来了巨大的交通压力。同时，路口毗邻万象城、苏宁广场、群光广场、366购物城等商业综合体，行人过街需求大，如图1所示。

图1　长平—金环路口区域位置图

1. 路口北侧行人过街需求较大，东西向放行时与右转、左转机动车存在冲突

长平—金环路口东西方向为圆灯控制，右转车辆不受控。同时，为缩短路口信号周期，该路口东西方向左转和直行同时放行，造成东西转弯车辆与行人存在较大冲突，如图2所示。

2. 北进口掉头车辆阻挡下一相位车辆，造成通行效率低

由于万象城1、2号停车场出入口位于长平—金环路口北出口，进入万象城停车的北侧来车，需在长平—金环路口北进口掉头。掉头需求大，但空间不足，导致掉头车清空缓慢，阻挡下一个相位车辆通行，加剧长平—金环路口拥堵，如图3、图4所示。

图2 右转及左转机动车与行人存在冲突点

图3 长平—金环路口北进口掉头情况

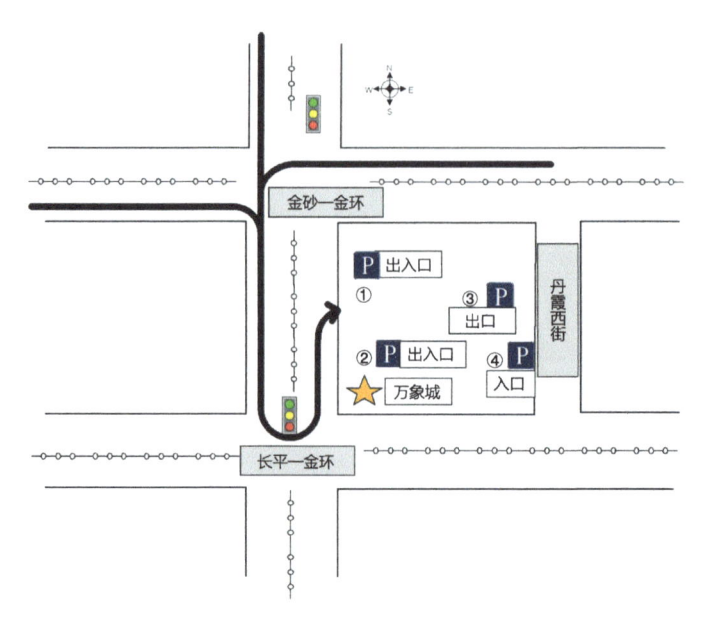

图4 长平—金环路口北进口掉头情况

3. 各进口车流量较大，存在回溢风险

长平—金环路口位于金环路中部，南北向往来车流都会聚集在此。现状金环路道路断面不一致，部分路段为双向 6 车道，部分为 5 车道。长平路西进口为 2 车道，道路通行能力不足；丹霞西街上设有万象城停车场的 3、4 号出入口，车辆多从东进口进出，加剧了路口交通压力。高峰期各进口排队较长，存在溢出现象，如图 5、图 6 所示。

图 5 长平—金环路口东进口存在溢出　　　图 6 长平—金环路口南进口存在溢出

优化思路

- 针对行人交通冲突大的问题，通过增设行人专用相位，有效分离人车交织。
- 利用禁止掉头，引导车辆分散停车的方式，解决路口掉头困难影响车道通行的问题。
- 加强周边路口的统筹协调，利用外截内疏，实现缓进快出，均衡路网负荷。

优化措施

1. 新增行人专用相位，根据行人过街需求调用，适应人流车流变化

由于路口行人过街需求变化存在明显规律，故对控制方案进行细化，在行人过街需求较大时调用行人专用相位，保障行人过街安全及提高路口通行秩序，在行人过街需求较少时恢复原方案，降低信号周期提高机动车通行效率，如图 7 所示。

1）工作日 19:00 后及非工作日 14:00 后行人需求明显增多，使用全行人控制方案，运行 F-E-C-D-G-H 相位。

2）其余时段，行人过街需求减少，使用原方案，运行 F-E-A-B 相位。

2. 北进口禁止掉头，消除掉头对车道通行影响

在北进口禁止掉头，提高北进口的车辆通行顺畅度，提升路口整体通行效率。同时，将北进口往万象城停车场车辆引导至苏宁停车场，使得部分停车车辆不在进入长平—金环路口，改道往金砂路，减小金环路压力。同时，对确需进入万象城的车辆，引导车辆通过绕行的方式进入，绕行路线如图 8 所示。

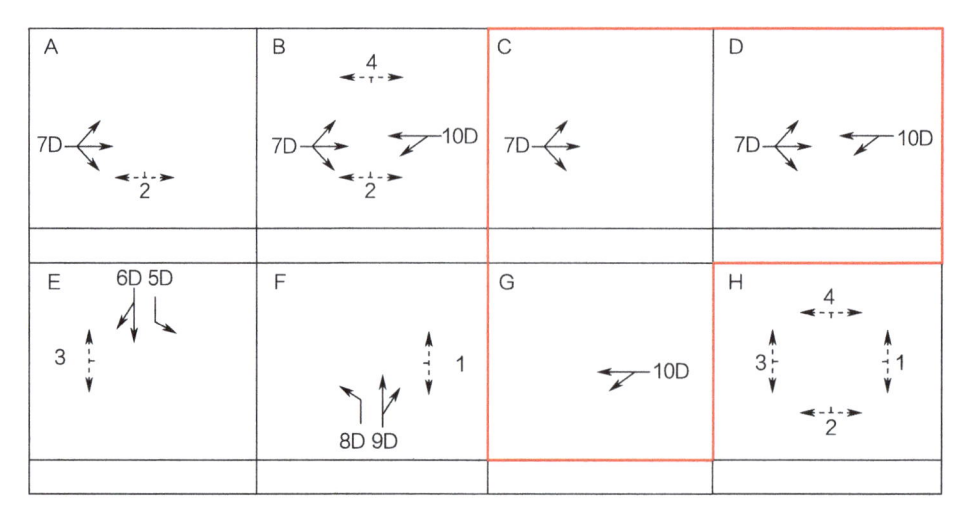

图 7　路口相位序列图（优化后）

图 8　长平—金环路口北进口禁掉后停车绕行图（优化后）

3. 通过对外围的截流控制，减小路口交通压力

为缓解万象城开业后引发的周边路口拥堵，以长平—金环路口为中心，辐射周边金砂—金环、金砂—华山、长平—华山等路口，实施外截内疏策略，减少车流过度汇入长平—金环路口。

1）针对金砂—金环东左转南汇入长平—金环北流量大、金砂—华山东左转南汇入长平—华山北流量大，设置控左相位对车流进行精准化控制。

2）长平路东西向设置西单放—东西全放—东单放相位，实现缓进快出、均匀调节目标，避免因长平—金环路口各进口排队过长，引发片区性溢出。

3）长平—华山北右转不受控，可快速前往万象城4号停车场。以长平—金环路口为关键路口，调整金砂—金环、金砂—华山及长平—华山共3个路口的时段与长平—金环路口相统一，以便对商圈路段进行疏导、截流，如图9所示。

图9 周边路口外截内疏策略图

实施效果

1. 行人过街交通秩序好转，行人通行效率及过街体验感提高

设置全行人过街相位，使行人过街畅通无阻，节省了行人经过该路口时的等待时间，有效降低了机动车和行人冲突的风险，行人过街体验感、安全性得到提高，如图10所示。

图10 长平—金环路口行人过街通行情况（优化后）

2. 多措并举使路口排队长度明显缩短

通过精细化时段和相位设置、禁止北进口掉头、进行区域统筹控制、外截内疏等措施，使路口运行效益最大化，进口排队车辆显著下降，片区性溢出风险基本消除，如图 11 所示。

图 11　长平—金环路口东进口排队情况（优化后）

3. 路口拥堵指数持续下降，高峰期各进口停车次数下降

通过大数据平台实时监测及观察，路口拥堵指数下降明显，高峰期各进口排队长度、停车次数明显下降，如图 12、表 1 所示。

图 12　长平—金环拥堵指数图（优化后）

表 1　路口高峰期排队次数对比表

	北进口停车次数	南进口停车次数	西进口停车次数	东进口停车次数
优化前	4~5	5~6	5	5
优化后	2	2	2~3	2~3
优化率	50%	58%	40%	40%

"软硬并施"缓解商圈效应显著路口拥堵

案例简介

针对商圈内关键交通节点承担了大量交通流量，高峰期极易发生拥堵，甚至影响整个片区通行的问题，昆明交警支队通过综合使用交通组织调整、单点信号优化、建立片区协调控制等措施，缓解了商圈关键交通节点拥堵。

现状情况及问题分析

昆明市区呈放射性分布，四个行政区衔接处为中心城区。中心城区根据"三横四纵"道路，形成多个成熟商圈，其中青年路与东风东路交织区域，不仅位于城区中心的商务区，还是盘龙区、五华区两大综合行政区交界点，该路口承载着庞大的交通流量。

青年路与东风东路由市一环"三横四纵"中的青年路、东风东路两条主干道相交而成，连接多个成熟商业中心。路口四个方向车流量较大，东西方向尤甚；青年路作为老城区道路，通行条件较差，由于车辆汇聚较快，且沿线路口间距较小，车辆排队容易溢出；路口四周遍布成熟商业区，日常车流量、人流量较大，给该路口带来了巨大交通压力，如图1~图3所示。

图1 路口所处区位图

图2 优化前路口渠化图

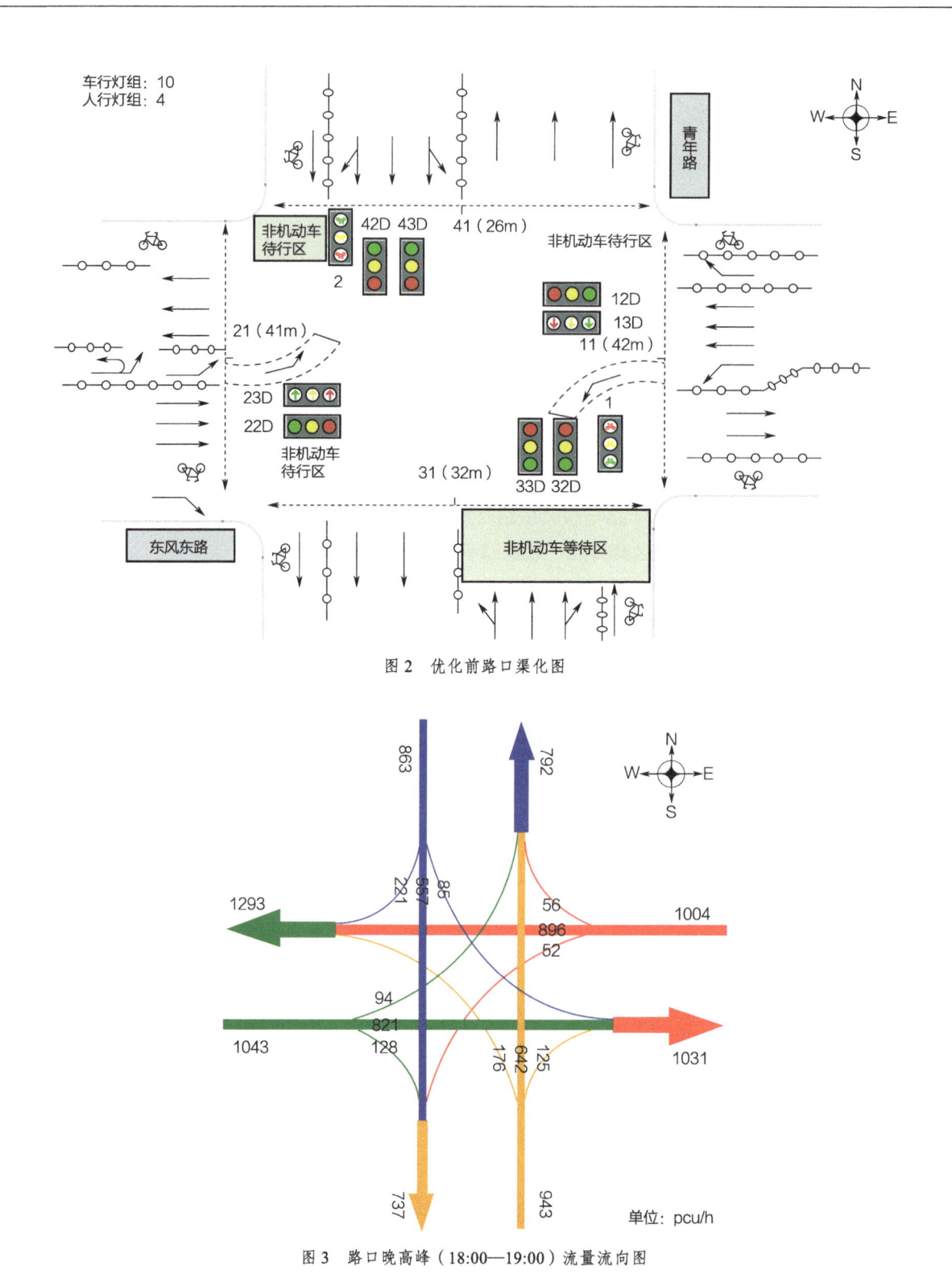

图3 路口晚高峰（18:00—19:00）流量流向图

单位：pcu/h

1. 商圈效应明显，车辆多次排队，易发区域性拥堵

晚高峰时段，路口四个方向车流量剧增。路口东进口（东风东路）作为车流主要汇集口，

承载着东风东路由东向西及相邻主干道北京路南左转与北右转的车流；其中直行车流量较大，车辆需经过 2~3 次排队，通行效率低，拥堵较为严重，并常回溢至上游路口，甚至导致一环内出现区域性拥堵，如图 4、图 5 所示。

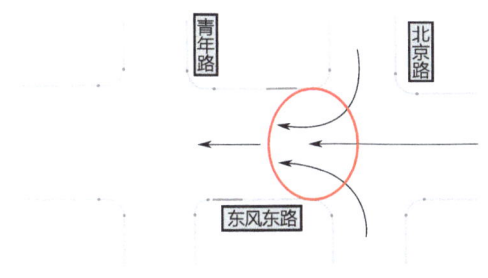

图 4　青年路东进口汇聚车流导向图

图 5　路口东进口车辆排队较长并回溢

2. 冲突严重，尾车滞留，安全隐患较大

青年路为南北向道路，由于道路条件有限，路口放行方式为直行、左转同时放行，左转与直行车辆、左转车辆与行人存在冲突，导致南北车辆行驶缓慢，车辆滞留路口内阻碍东西直行车流通行，造成绿灯损失时间较多，且对行人过街也带来一定的安全隐患。此外，考虑到非机动车量较多的现状，在机动车放行基础上延长了一定的时间，用于非机动车放行，进一步造成路口放行效率不高，如图 6~图 8 所示。

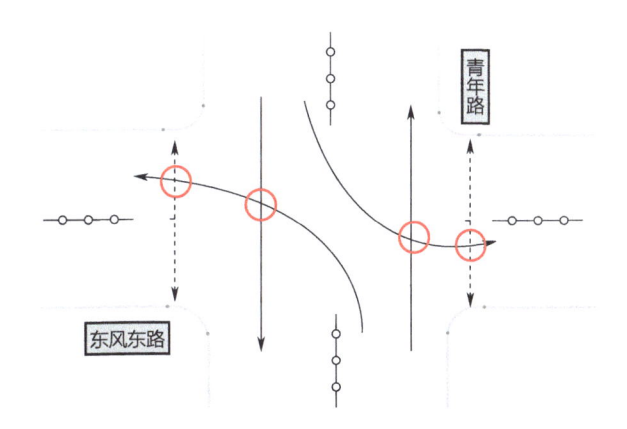

图 6　左转与直行机动车及行人存在冲突

图 7　左转与直行机动车冲突

图 8　下游路口回溢

优化思路

昆明交警支队经过深入调研及详细分析后，决定"软硬并施"来解决路口问题。
- 通过与周边路网的信号协同，对交通流进行调控，实现快速疏散，避免过度聚集。
- 通过优化车道功能、调整信号相位、改善路口的组织，在时间和空间上对冲突进行分离。
- 进一步精细化调整晚高峰配时，减少绿灯损失时间，提高道路通行效率。
- 充分利用现有道路条件，通过精细化交通设计，提升路口通行能力。

优化措施

1. 各方向增加综合待行区

在原交通组织基础上，路口四个方向设置综合待行区，缩短车辆通过路口的时间；在车行道停车线与人行横道（斑马线）间，增设非机动车掉头通道，减少非机动车违规掉头带来的干扰，如图9所示。

图 9　路口增加各方向综合待行区及非机动车掉头通道

2. 调整路口标志标线及灯具

青年路南北直行、左转共用车道拆分为直行、左转独立车道，同时增设左转箭头灯，解决左转机动车与行人、左转机动车与直行机动车冲突、左转非机动车与直行机动车冲突，提高路口通行效率，如图10所示。

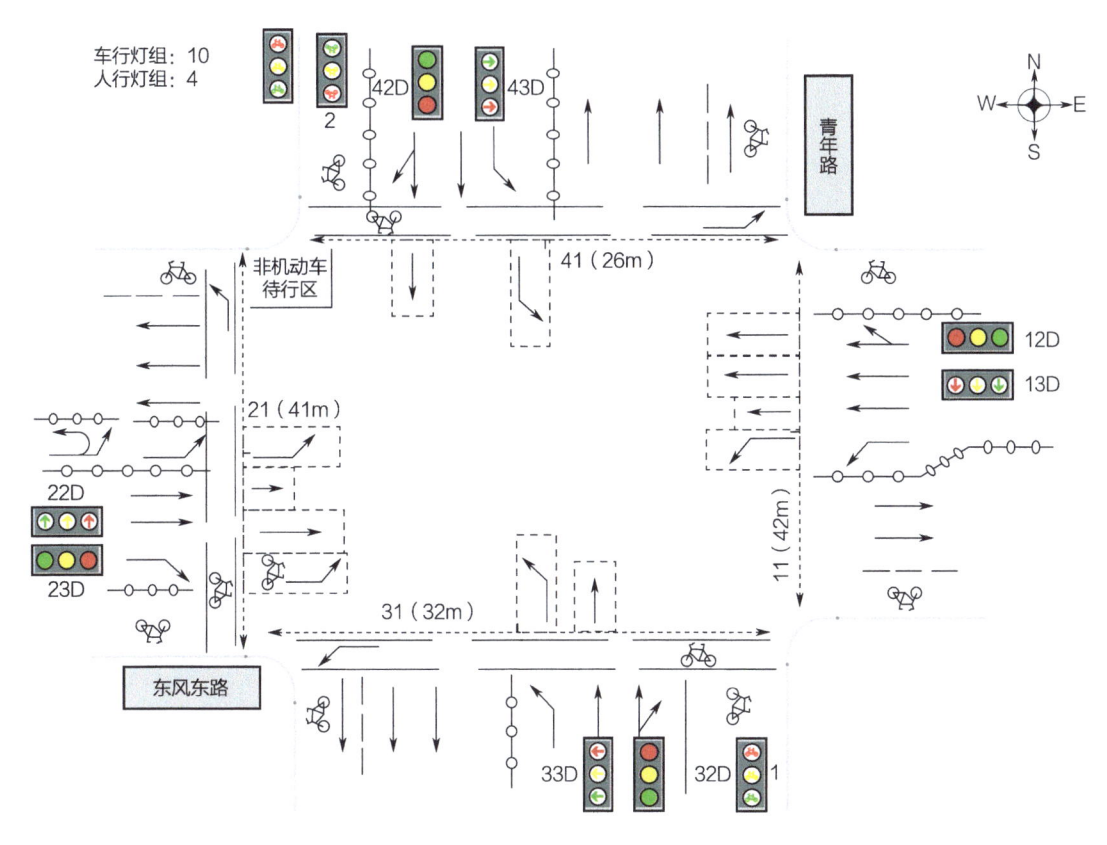

图10 交通组织调整后渠化

3. 调整路口相位及细化配时

将南北相位分解为直行和左转两个相位，非机动车跟随机动车信号灯通行，不仅减少了机动车冲突，也解决了非机动车通行问题。同时，通过对相位调整，压缩了放行周期，提高了通行效率，如图11、图12所示。

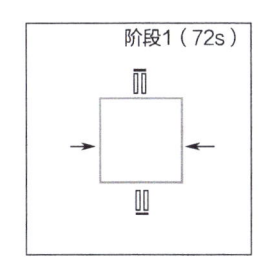

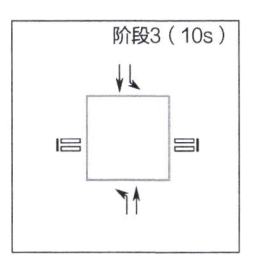

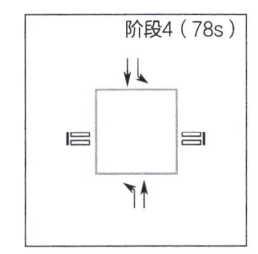

图11 优化前路口放行方式

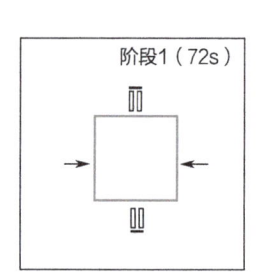

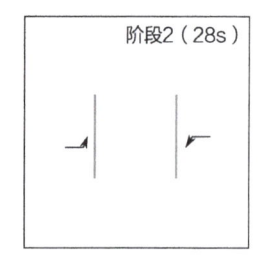

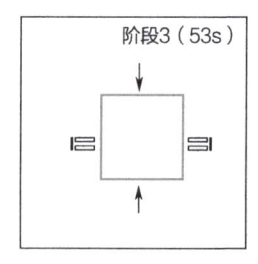

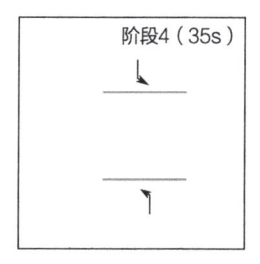

图 12　优化后路口放行方式

4. 实施片区信号协调

东风东路东进口作为车流主要汇集点，承载着东风东路由东向西，相邻主干道北京路南左转与北右转车流；针对东进口直行车流量较大的问题，通过实施片区信号协调控制达到疏解的目的。在维持北京路、青年路南向北协调的同时，增加北京路与东风东路南进口左转、东进口直行以及青年路与东风东路东向西直行的协调，将两条平行的道路进行连接，组成"H"形片区信号协调控制，提高道路通行效率，减少东进口排队长度，如图 13 所示。

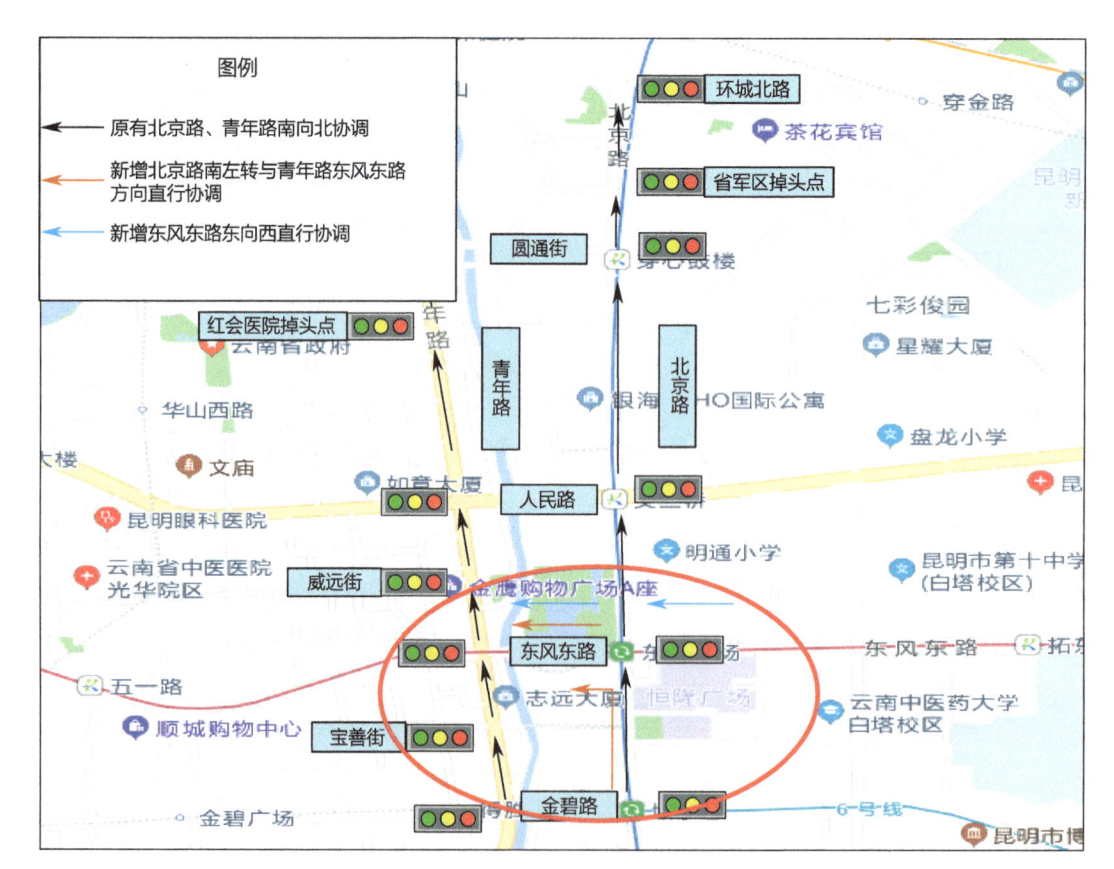

图 13　优化后协调导向图

实施效果

1. 冲突点消除，通行效率提高

方案实施后，路口直左冲突消除，车辆的通行效率和绿灯利用率得到有效提高。其中，南北整体通行效率约提高14%，南北进口左转通行效率约提高38%；东西整体通行效率通行效率约提高18%，如图14、图15所示。

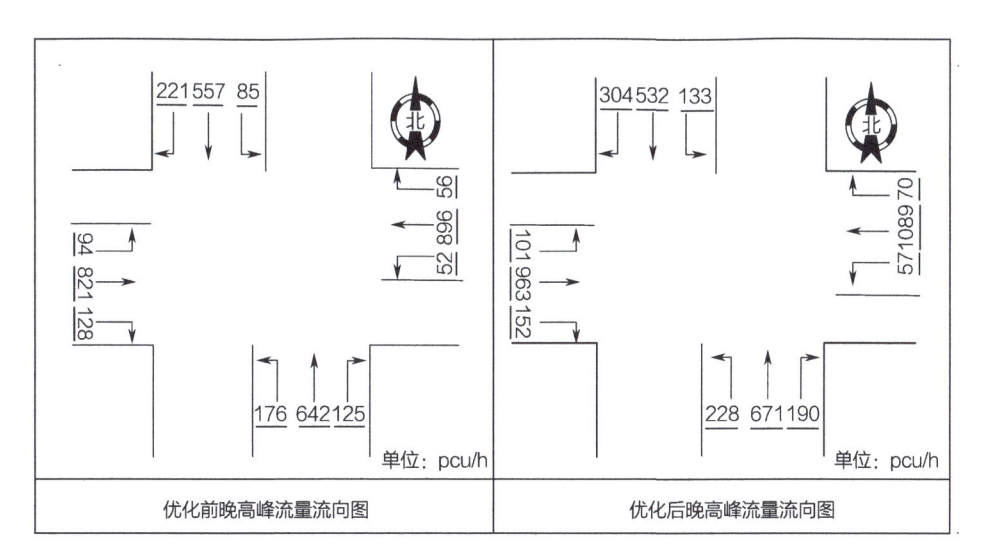

图14 优化前后晚高峰（18:00—19:00）流向流量图

图15 优化后下游路口无回溢情况

2. 晚高峰路口东进口排队明显减少

经过优化调整后，路口晚高峰期拥堵现象有了明显缓解，排队长度缩短了10.94%，延误指数降低了30.37%，如图16、表1所示。

图 16　优化后东进口无长排队情况

表 1　东进口优化前后数据对比

时间	排队长度 /m	停车次数 / 次	延误指数
优化前	128	1.1	65.69
优化后	114	1	45.74
优化对比	−10.94%	−9.09%	−30.37%

综合施策缓解金融中心区交通拥堵

案例简介

针对金融中心片区通勤时间集中，早晚高峰时期交通流量较大，同时由于外部多为城市主干路，过境通行需求也较大，造成片区高峰拥堵严重的情况，宁波交通警察局通过内部交通环境净化、外联道路挖潜增效，作为优化方向实施综合措施，有效缓解了交通拥堵问题，提高了片区交通运行效率。

现状情况及问题分析

宁波东部新城金融中心片区（以下简称片区）位于世纪大道—宁东路—海晏北路—民安路围合的区域内，片区总面积约0.34km^2，总建筑面积约77万m^2。区域内有6家市级行政主管部门、8家银行总部，以及证券、金融产业机构和一家五星级酒店，通勤人数约2.6万人，如图1所示。

图1 金融中心片区区位图

片区路网按"四横五纵"布局，区域内部道路基本为车行道宽12m的城市支路，断面设置为双向2机2非或单向1机2非，并设有单侧停车位，片区内交通需求主要以通勤为主。外围道路均为城市主干路，承担大流量过境交通需求。因通勤时间集中，且公交分担率不足，高峰期间交通拥堵情况严重，已成为主城区高峰最拥堵的片区之一。具体来说，主要存在以下问题。

1. 职住不平衡，通勤交通压力较大

金融中心片区业态以办公和商业为主，根据出行 OD 数据分析，区域内通勤交通流主要来自江北、海曙、鄞州中心区方向。目前，片区公共交通布局不完善，轨道 1 号线海晏北路站距离片区约 1.2km，2021 年开通的轨道 5 号线金融中心站覆盖率不足，片区的常规公交线路较少，导致片区通勤以小汽车为主，约占 69%，公共交通出行约占 31%，远低于宁波城区平均比例 52%。在晚高峰时段，通勤压力较大，高峰时长约 100min。

2. 片区内道路开口多，交通冲突问题突出

区域南北主要通道江澄北路、海晏北路沿线有宝华街、和济街两处开口，东西主要通道民安路及宁东路有昌乐路、承源路、和源路、鼎泰街四处开口，支路交通干扰主线交通现象突出，如图 2 所示。

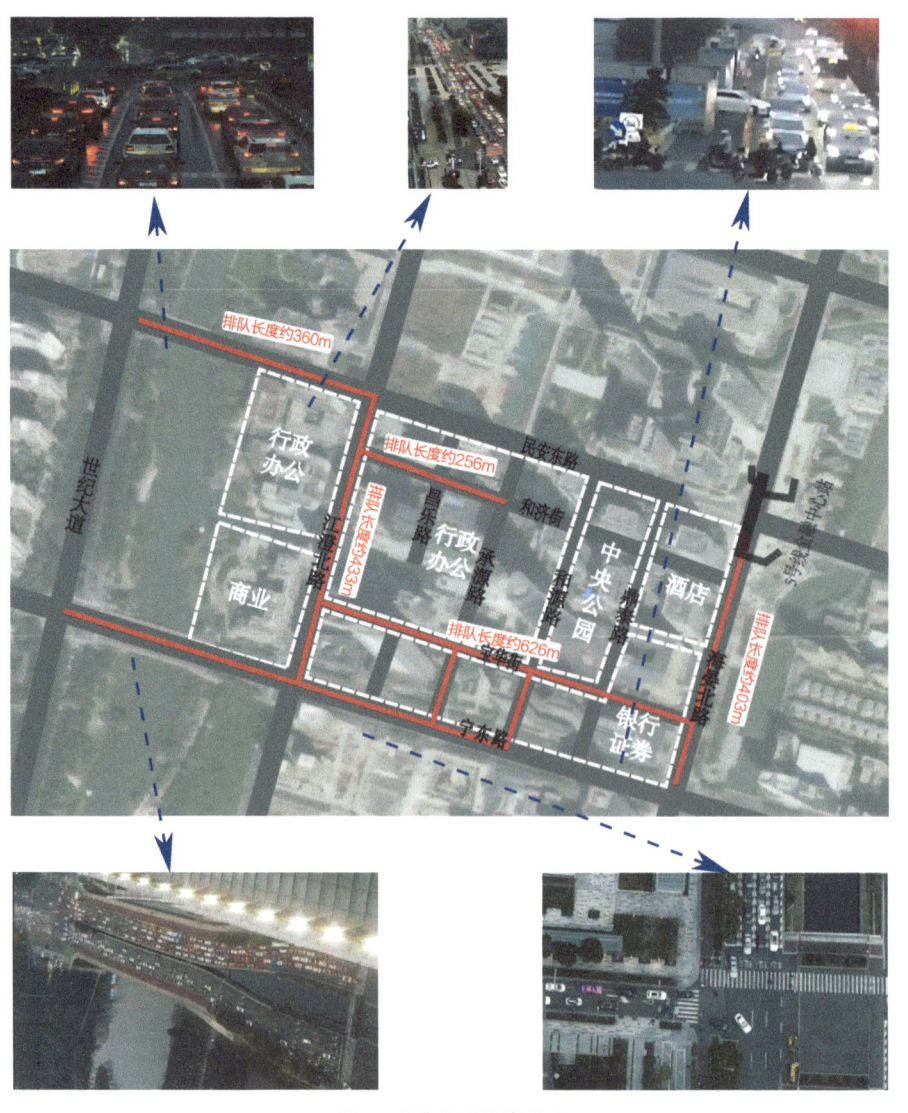

图 2 现状交通拥堵严重

3. 停车秩序不规范

片区内共设置有 216 个路内免费停车位，日均周转量为 2.03，外来车辆临时停放困难，路内违停现象突出，加剧了片区内道路的拥堵状况，如图 3 所示。

图 3　路口违停情况突出

优化思路

根据片区交通运行情况，按"治堵先治乱""内外联动"的原则，分两阶段对片区进行综合治理。

第一阶段净化内部交通环境。

- 开展道路改造，提升主路通行能力。
- 加强道路开口管理，减少进出交通对主线干扰。
- 实施单行组织和加强停车规范管理，提升通行效率同时，满足停车需求。
- 向内延伸公交线路，通过便捷公交服务，引导出行方式向集约化转变。

第二阶段"挖潜增效"为方向。

通过扩充主要交通节点容量、设置可变车道、优化信号配时等综合措施，提升道路通行效率。同时，对片区内的占道施工路段，优化施工组织方案，减少对交通影响。

优化措施

第一阶段：内部交通环境净化

由市治堵办牵头，交警局、交通局、综合执法局联合，开展片区道路交通综合治理，主要措施如下。

1. 拓宽主路

将南北向主通道江澄北路（宁东路—民安东路段）进行拓宽改造，由 2 机 2 非拓宽至 4 机 2 非，路口由 3 机 2 非拓宽至 5 机 2 非，提高主路通行能力，满足快速疏散片区交通流需求，如图 4 所示。

拓宽前：路段2机+2非　　　　拓宽后：路段4机+2非
路口3机+2非　　　　　　　路口5机+2非

图 4　江澄北路（宁东路—民安东路）拓宽改造前后对比图

2. 加强中央开口管理

在高峰期间通过设置中央活动护栏，封闭江澄北路—和济街开口，采取右进右出，其余时段北进口禁止车辆左转。江澄北路—宝华街开口设置中央活动护栏，高峰时段右进右出管制。通过开口管理，减少支路进出交通对主线干扰，如图 5 所示。

图 5　封闭开口交通组织图

3. 实施单向交通组织

对承源路、和源路实施逆时针单向交通循环，并利用道路空间单侧设置路内停车位。通过优化，一方面控制片区主干路沿线出入口间距，使其分布更为合理，同时也满足办事车辆临时停车需求。

对昌乐路（宁东路—宝华街）实施南往北单向，避免车辆直接汇入宁东路与江澄北路路口，降低路口通行效率，如图 6 所示。

图 6　单向交通组织图

4. 治理停车环境

将片区免费路侧泊位改造为收费停车泊位，配套建设具有停车无感支付、违停自动抓拍、停车动态诱导等功能的智慧停车系统。利用经济杠杆提高车位周转率，调整后车位日周转率由 2.03 提高至 12.36，每天可为 2000 多辆外来办事车辆提供路边临时停靠服务。减少乱停车现象，净化内部道路通行环境，如图 7 所示。

图 7 停车环境整治对比图

5. 新增接驳公交

新增微 11 路和定制 2/3/4 单程公交等 4 条公交线路。微 11 路为海晏北路站与金融中心片区的临时公交接驳专线，日均接驳超过 600 人次，最高日客流量近千人次。定制 2/3/4 号线分别为公交紫郡站、雍城世家小区、南第一学堂与金融中心片区的接驳专线。微巴公交和定制公交的开通，进一步提升了公交"门对门"便捷性，增加了公共交通吸引力，从源头减少了片区私家车出行量，如表 1 所示。

表 1 新增接驳公交早晚高峰始发 / 终点站统计表

公交路线	早高峰 始发站	早高峰 终点站	晚高峰 始发站	晚高峰 终点站
微 11 路	轨道海晏北路站	国际金融中心	发展大厦	轨道海晏北路站
定制公交单程 2 号线	公交紫郡站	中央广场	中央广场	公交紫郡站
定制公交单程 3 号线	雍城世家小区	中央广场	中央广场	城世家小区
定制公交单程 4 号线	江南第一学堂	中央广场	中央广场	江南第一学堂

第二阶段：外联道路挖潜增效

在第一阶段成效的基础上，对世纪大道民安路、世纪大道宁东路、江澄北路民安路等 6 个片区主要节点路口及路段沿线进行"挖潜增效"，具体措施如下。

1. 节点扩容

以寸土必争为原则，最大限度提高道路空间的利用效率。通过适当压缩车道宽度，在世纪大道（民安东路—宁东路）路段增加一车道，民安东路与世纪大道东口、宁东路与世纪大道东口、江澄北路与民安路南口各增加一个进口车道。同步调整路口引导标志、标线，有效提高路口通行能力，满足快速疏散片区通勤交通要求，如图8、表2、表3所示。

图8　晚高峰金融片区拥堵情况图

表2　主要节点交通情况表

编号	交叉口名称	说明
1	世纪大道—民安东路	主干路与次干路交叉口
2	民安东路—江澄北路	次干路与次干路交叉口
3	世纪大道—宁东路	主干路与主干路交叉口
4	宁东路—江澄北路	主干路与次干路交叉口
5	海晏北路—宁东路	主干路与主干路交叉口北口因轨道施工北往南单行
6	海晏北路—民安东路	轨道施工占用，临时封闭

表3　车道空间优化统计表

	调整点位	调整前车道分布	调整后车道分布	调整方式
路口	世纪大道—宁东路交叉口东口	左转+2直行+右转	左转+3直行+1右转	对原有的3.5m均分四车道进行重新分配
	世纪大道—民安路交叉口东口	左转+直行+直右	左转+2直行+右转	对原有非机动车道和3.25m均分三机动车车道进行重新分配
	民安路—江澄路交叉口南口	左转+直行+直右+2出	左转+左/直可变+直行+直右+2出	将中央护栏往西侧偏移1.3m，将机动车对原有的进行重新分配
路段	世纪大道（民安路—宁东路）	3直行	3直行+1左转	在保持道路断面12m不变的情况下，将机动车对原有的路段三车道进行压缩调整为四车道

2. 设置可变车道

江澄路口西口第二左转车道调整为左转/直行可变车道，民安路—江澄路南口道增加一条直／左可变车道。通过可变车道进行高峰期车流控制，以达到加速引导车流作用，如图 9 所示。

宁东路—江澄路西口可变车道　　　　　民安路—江澄路南口可变车道

图 9　可变车道设置图

3. 优化占道施工组织

因轨道及道路建设占用了民安路及海晏北路两条主路，经协调，提前开放了海晏北路（和济街—宁东路）全幅道路，在道路西半幅增设北往南单向通道，提高由和济街、宝华街至海晏北路右转车辆的通行效率，提升了片区东部区块的疏散能力，如图 10 所示。

图 10　打通后海晏北路交通组织图

4. 优化交通信号

1）新增信号灯。在宁东路与承源路口新增行人过街信号灯，并与上下游两个灯控路口联动，确保在不影响宁东路主路交通运行的基础上，保障行人过街安全，并提高了承源路的疏散效率，如图 11 所示。

图 11　宁东路与承源路口新增行人过街信号灯图

2）单点优化。对片区周边的世纪大道宁东路、世纪大道民安路、宁东路海晏北路等 10 余个信号灯路口，通过动态和系统协调、路口之间信号联动优化信号配时，提高片区内车辆通行效率，如图 12 所示。

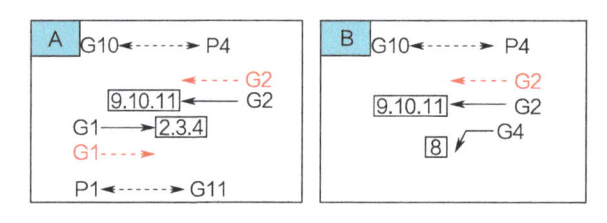

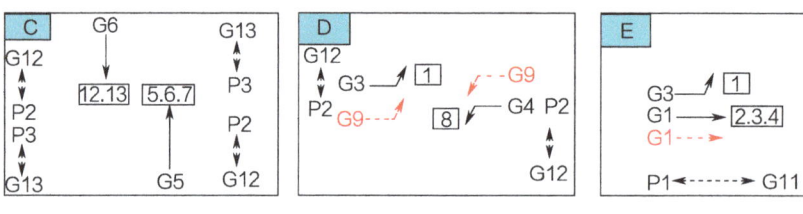

		A相位	B相位	C相位	D相位	E相位	F相位	G相位	周期
\multicolumn{10}{c}{多时段固定配时方案}
1	6:00—6:30	0	43	46	0	41			130
2	6:30—9:10	0	32	87	0	51			170
3	9:10—16:30	25	36	58	0	29			148
4	16:30—18:00	0	99	39	0	32			170
5	18:00—19:00	0	99	39	0	32			170
6	19:00—22:00	25	44	52	0	27			148
7	22:00—6:00	0	33	32	0	35			100
8	全红时间	3.0	3.0	3.0	3.0	3.0			

世纪大道与民安路

图 12　信号控制优化方案图

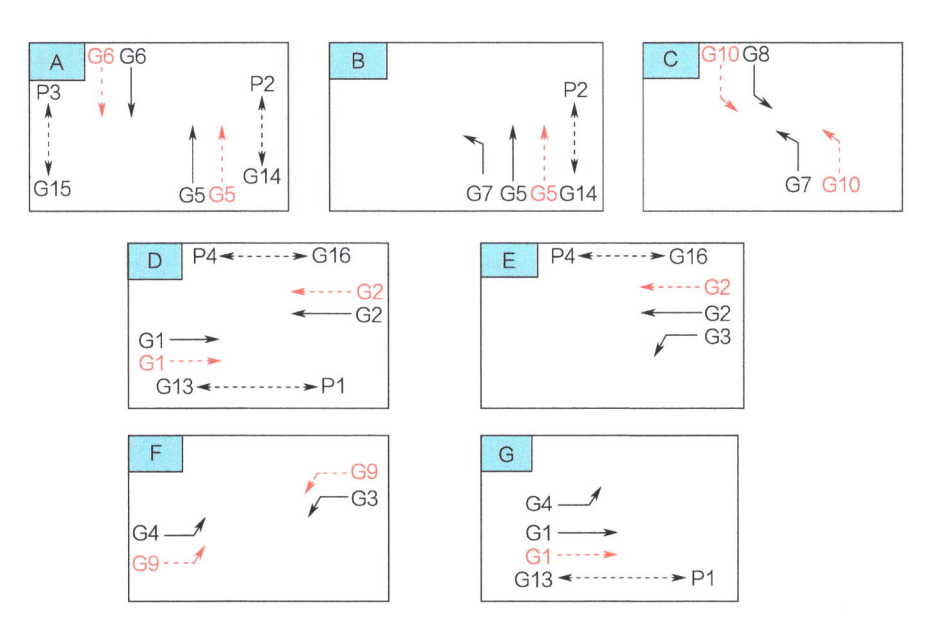

		多时段固定配时方案							
		A相位	B相位	C相位	D相位	E相位	F相位	G相位	周期
1	5:30—6:45	51	33	25	32	0	25	0	166
2	6:45—9:30	74	0	34	60	0	32	0	200
3	9:30—17:00	51	33	25	32	0	25	0	166
4	17:00—17:30	70	0	32	38	32	38	0	200
5	17:30—18:30	70	0	32	38	32	38	0	200
6	18:30—19:00	51	33	25	32	0	25	0	166
7	19:00—23:00	51	33	25	32	0	25	0	166
8	23:00—5:30	40	0	31	33	0	26	0	130
	全红时间	1.0	1.0	2.0	1.0	1.0	2.0	1.0	

江澄北路与民安路

图 12　信号控制优化方案图（续）
（以世纪大道—民安路、江澄北路—民安路为例）

3）干线协调。对世纪大道、宁东路等道路在调整交通组织后，实施双向绿波带，提高主要通道的疏散能力，如图 13、图 14 所示。

实施效果

采用因地制宜、分阶段精准治堵措施后，片区开口疏散效率显著提升，片区内道路的排队状况明显缓解，晚高峰时长由原 17:30—19:10，缩短一小时至 18:10 结束。针对节点路口的挖潜提效、时空一体治理，实现"小成本、大疏解"的目标。宁东路排队长度缩短 67%，民安东路缩短 65%，江澄北路缩短 52%，路口排队溢出现象基本缓解。目前片区交通运行情况良好，交通拥堵状况已得到较大改善。

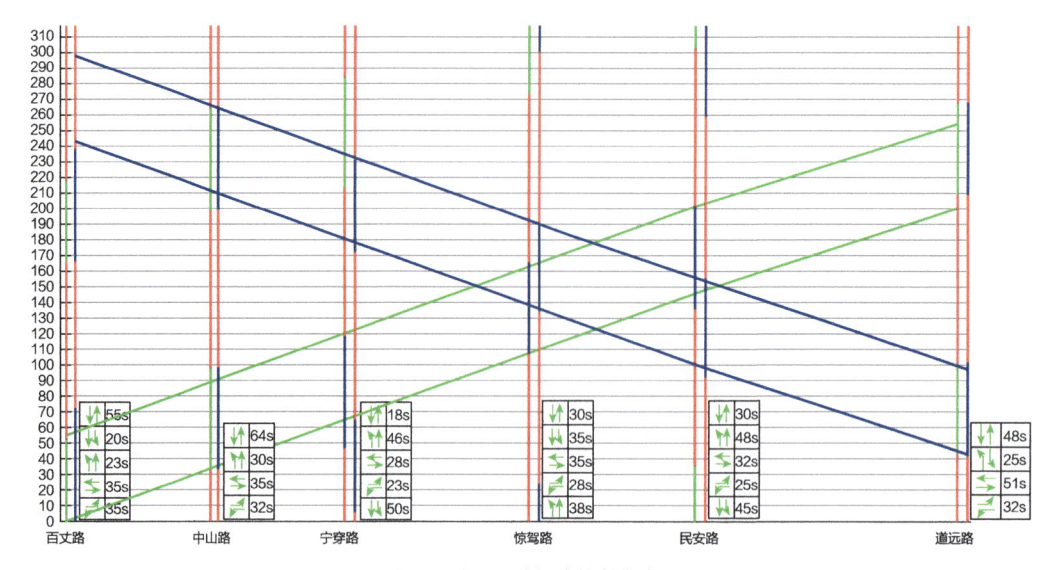

图 13　世纪大道绿波控制方案图

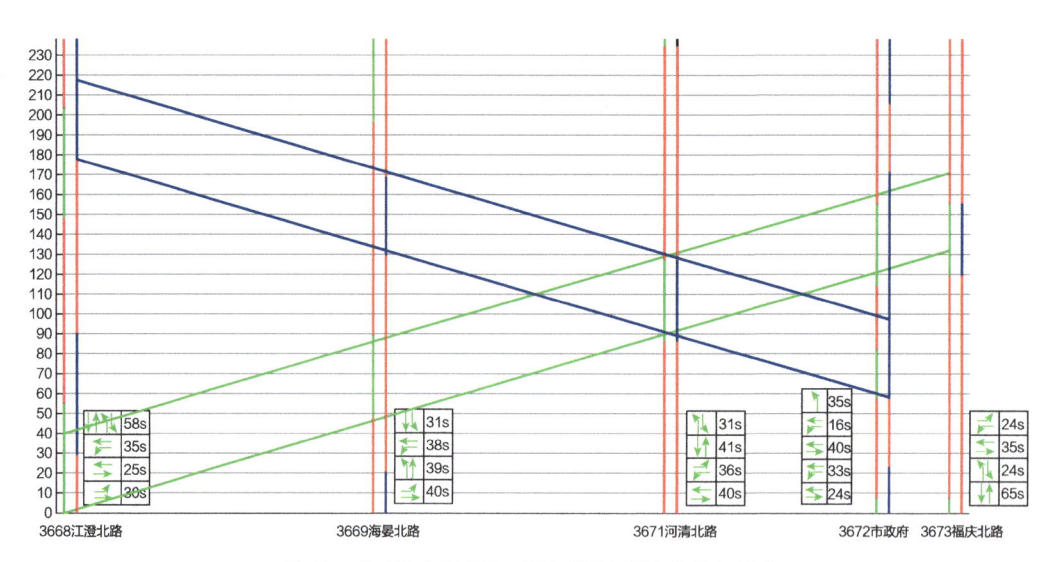

图 14　宁东路（江澄路—福庆南路）绿波控制方案图

典型场景智能交通管控

全息感知自适应控制缓解交织路段拥堵

拥堵区域交通信号控制策略设计及实施

短时流量预测提升大型活动路口管控效能

"生命救护绿波"机制提升应急事件处理效能

典型场景智能交通管控

随着城市化进程的不断加剧,城市交通拥堵问题日益凸显,交通难点、痛点问题引发的出行矛盾日益尖锐。为解决矛盾,必须依托现有的智能交通管理感知和指挥系统,精准感知交通运行状况,明晰拥堵成因和道路交通管控需求,制定精细化、针对性的交通管控策略,定制管控模型,对症下药,缓解交通拥堵状况。

交织路段是指两股或多股不同方向车流交织的道路路段,交通流运行有以下特点:一是会车距离短,二是交通冲突多,三是事故风险大。因此,极易形成拥堵点,尤其是在高峰时间经常会导致一个区域的道路拥堵甚至瘫痪。为化解交织路段通行"瓶颈",通常采取以下几种措施:一是让行控制,设置停车让行或减速让行的标志标线,明确交织道路的优先权;二是交替通行,设置交替通行标志标线,明确交织段的通行规则;三是信号灯控制,设置信号灯,按交通信号灯指示通行。

现有的区域信号控制策略,主要针对中低饱和状态下的路网来提高整体通行效率,针对区域性大范围高饱和度的拥堵优化策略相对匮乏。高饱和的道路交通拥堵往往有以下特点:一是两条主干路交叉口的平面交叉口或区域连接线的瓶颈交叉口;二是高饱和交叉口的拥堵通常会蔓延到周边交叉口,造成整个区域的拥堵。高饱和交叉口拥堵的缓解通常需要采取以下策略:一是需要联动周边交叉口的管控,协同发力;二是在道路交通资源紧张的当下,依靠信号控制优化改善拥堵状况,此方法显得更加可行;三是拥堵改善与否的评价范围或指标,应以整个区域为基础。

大型活动给城市交通带来短时集聚性交通需求,城市交通管理者在保证活动期间交通疏散的安全、快捷和畅通的同时,还需降低活动对城市正常交通的影响。大型活动期间的交通运行状况通常具备以下特点:一是出行总量可预测,拥堵点段可预判;二是对周边区域的交通正常运行产生较大冲击。大型活动期间的交通组织管理统筹采取以下措施:一是提前发布疏导方案,引导绕行;二是采取临时性的交通禁限措施,简化交通冲突;三是增派警力加强现场疏导管理。

城市交通大发展、机动车保有量大增长的情况下,如何为生命紧急救护争取宝贵时间,也给各地交警提出了较高的要求。生命紧急救护通常具备以下特点:一是发生时间和地点不固定;二是时间要求紧迫;三是协作要求高;四是智能交通管理系统依赖度高。生命紧急救护的交通保障通常,是通过实时精准定位和实时查看警员、警车、监控设备、警情、信号灯等信息,规划最优线路,救援过程中同步调度警力、视频和信号资源,实现快速送医。

全息感知自适应控制缓解交织路段拥堵

案例简介

大连交警支队针对不同道路之间汇流的交织路段具有会车距离短、冲突点多、事故频发等特点，提出了变道冲突消减、全息数据采集、信号灯自适应控制等方法，建立了"交织路段全息感知自适应控制模型"，有效、精准打通了交织路段的"任督二脉"，大幅度提高了交织路段通行效率。

现状情况及问题分析

2015年10月大连市星海湾跨海大桥开通后，作为连接大连市西南部地区与中心城区的主要通道，来自莲花山隧道入市车流与白云隧道北行车流在东北路北出口处汇集，去往东北快速路、胜利路与高尔基路等不同方向的车流在此交织，如图1所示。由于有变道需求车流与无变道需求车流交织在一起，使得无变道需求车流无法顺利通行，同时有变道需求车流的变道位置不固定，冲突点多，交通流基本处于无序状态，通行效率低，交通拥堵高发频发，尤其是经常因随意变更车道、抢行等导致事故，加剧周边区域的拥堵，如图2所示。

图1　东北路—彩云路交织路段地理位置

2017年初，大连市公安局交警支队在该路段设置信号灯，并对路口进行渠化，对莲花山隧道入市方向和白云隧道入市方向的车流实行单独控制，采取高峰时段交替放行的方式，减少了交织路段的冲突，事故发生概率也大大降低，但是仍然存在变道冲突，来自两个不同方向隧道的车流拥堵严重，系统投入运行前，车辆在通过交织路段和上游的1350m的过程中，旅行时间为324s，平均速度仅为15km/h，如图3所示。

图2　东北路—彩云路交织路段优化前通行情况　　图3　东北路—彩云路交织路段增加信号灯交替控制

优化思路

1. 开展交织路段精细化组织

采用设置标志标线提前规范出行目标方向车道，且通行过程中不准变换车道，有效降低通过交织路段车辆的变道次数，提高通行效率。

2. 设置交通信号灯

交织严重的点段设置交通信号灯，消除车辆变道过程的交通冲突，保证有序通行，提高交织路段安全性和通行效率。

3. 基于全息感知构建交织路段自适应控制系统

对交织路段交通流进行自适应控制，动态调整信号灯绿灯时长，有效提高交织路段车道占有率，解决了交织路段拥堵和紊乱等问题。

优化措施

1. 变道冲突消减技术

由于交织路段的上游是隧道，为此分别在交织路段上游距离隧道入口处一定距离，设置连续的车道级导向标志和地面文字提示，引导车流提前按照目的地方向进入对应导向车道，确保导向车道内车流实现管道式通行互不干扰，快速抵达目的地。从而实现了由"全路段自由交织"的无序通行状态，到"变道选择远端前置""管控区通行互不干扰""冲突点大幅消减""交织区精准放行"的有序通行状态的突破，显著提升了通行效率，如图4所示。

图 4　交织路段交通渠化图

2. 全息数据采集技术

在交织路段及其上游设置连续跟踪检测器，对监测范围内的每辆机动车当前时刻位置、速度和到达停止线距离等数据，进行实时全息精准检测，实现了交织路段每辆机动车轨迹参数可视化"全透明"。将其动态参数实时关联到模型变量中，通过实时计算分析，获取当前时刻每辆机动车到达停止线所需的时间和监测区域车流量等控制参数，如图5所示。

图 5　交织路段数据采集设备图

3. 信号灯自适应控制技术

通过机理建模的方法，实现了交织路段有变道需求车流的精准、有序、高效控制。通过导入全息感知数据，建立机动车时间等待代价函数，分析道路运行状态，构建交织路段自适应控制模型。由以往的定时放行模式，提升为可视化全息感知自适应控制模式，减少人工干预，充分利用时空资源，实现了提高道路通行效率，缓解交织路段交通拥堵的目标，如图6所示。

图 6　信号灯自适应控制仿真图

185

该成果在 2021 年 12 月申请国家发明专利，并于 2022 年 9 月获得授权，如图 7 所示。

图 7　发明专利证书

实施效果

2021 年 7 月，方案实施后，通过对交织路段每辆机动车轨迹进行全息数据采集，对有变道需求的车流进行自适应控制，实现高效交汇，无变道需求的车流不受信号控制畅通无阻。模型应用后，机动车通过交织路段的平均旅行时间只需 100.8s，平均速度达到 48.2km/h，比模型应用前缩短了 223.2s，速度提高了 33.2km/h，通行效率提高了 221.4%，如图 8~图 10 所示。

图 8　应用前道路运行情况

图 9　应用后道路运行情况

图 10　模型应用前后数据对比图

拥堵区域交通信号控制策略设计及实施

案例简介

为解决西安老城区日益严重的交通拥堵问题，西安公安交警完成拥堵区域交通信号控制策略设计，结合西安市明城墙区域拥堵成因和道路交通管控需求，通过信号控制方案精细化设计、交通检测设备深度应用、智能化控制逻辑设计、中心与路口联勤联动机制建立等措施，有效提升区域道路交通管控效能，缓解了拥堵。

现状情况及问题分析

长期实践结果表明，在大力发展道路基础设施建设的同时，提高道路利用效率是治理交通拥堵的核心，而信号控制又是最为有效的交通管理控制手段。近年来，公安部连续发布《推进城市道路交通信号配时智能化工作方案》和《关于进一步加强城市道路交通信号控制应用工作的指导意见》，推进了全国各地交通信号控制的精细化、智能化、专业化，涌现出大量针对路口和干线的信号配时优化案例，但针对区域性大范围拥堵的优化策略依然匮乏。而现有的区域信号控制策略，主要针对中低饱和状态下的路网，用于提高整体通行效率，在过饱和条件下则难以适用。对此，西安公安交警结合近年来区域性拥堵治理经验，形成了拥堵区域道路交通信号控制策略。

图1 明城墙区域缓堵保畅工作面临巨大挑战

1. 交通需求集中

从交通需求上看，西安市明城墙是我国现存规模最大、保存最完整的古代城垣，周长13.74km、城门18座，区域内面积约为12km^2，用地类型主要为商业用地和住宅用地，分布有众多政府机关，近四十所中小学，五家三甲医院，工作日早晚高峰通勤车流量大，城墙区域内外交通仅能通过18座城门，通行形成瓶颈，交通高峰期呈时间长、烈度高的特点。此外，明城墙区域内还分布有钟鼓楼、碑林、回坊、永兴坊等热门旅游景点，位于区域南部的南门商圈周边也分布有大量交通吸引点，节假日出行高峰往往从午后持续至夜间，区域性大范围拥堵频繁发生。数据显示，明城墙区域日进出总流量超过 50 万辆，高峰持续超过 6h，道路交通管控压力极大，如图 1、图 2 所示。

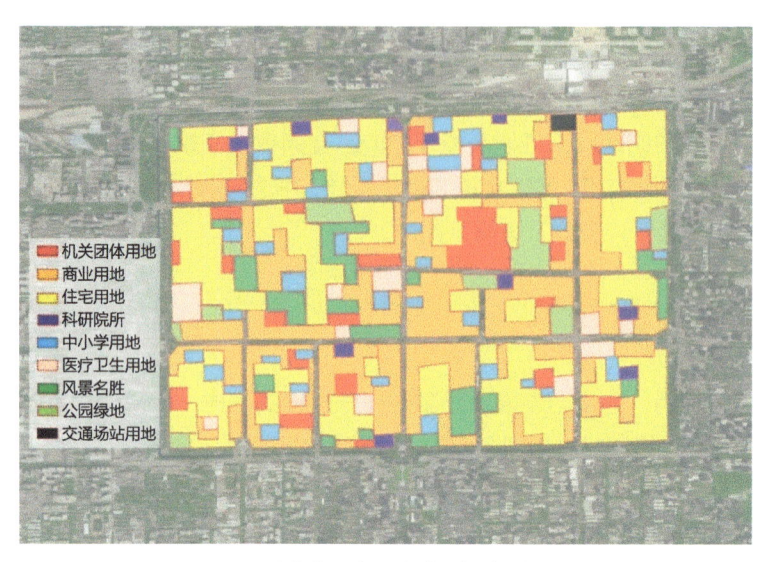

图 2　明城墙区域土地利用类型示意图

2. 道路条件有限

从道路条件上看，明城墙区域路网密度虽超过 8km/km^2，但绝大多数为道路红线宽度不足 15m 的街坊路，主干道、次干道密度较低。区域内主干道多为断头路，贯通区域南北的主干道仅北大街一条，路网通行压力过于集中。此外，北大街因穿越城门形成异形路口、行人过街设施不完善、公交场站位置不合理，致使道路通行能力严重受限，大大增加了明城墙区域内的拥堵治理难度，如图 3 所示。

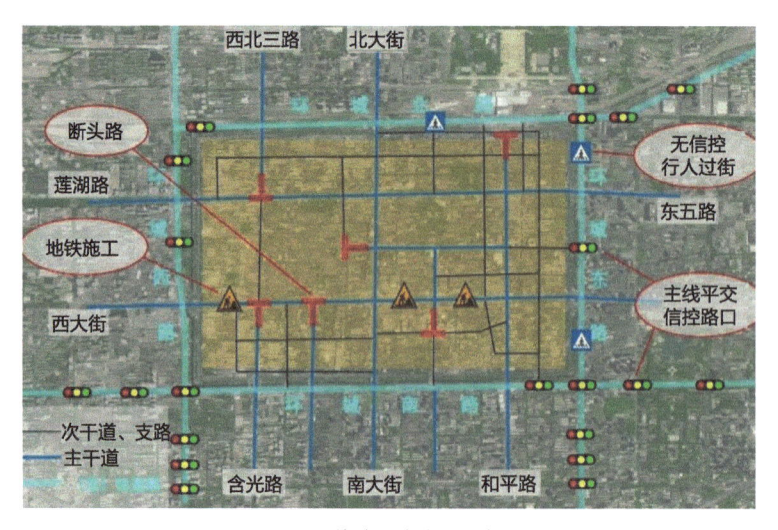

图 3　明城墙区域路网示意图

3. 重度交通拥堵

根据高德智慧交通公共服务平台，2021年无静默管理时，明城墙区域工作日高峰时段拥堵指数基本维持在3.2左右，节假日日均拥堵指数在2.8以上，拥堵指数峰值超过4.5。白天大部分时段，明城墙区域处于中度拥堵状态，部分时段可达重度拥堵。

优化思路

1. 因路制宜开展智能信控策略应用，确保信控策略与交通问题相匹配

优化控制策略，将定周期优化策略与自适应策略相结合，同时将多种感应、自适应控制策略互相配合，提升信控智能化水平，有效提升明城墙区域路网通行能力。

2. 把控优化方案实施过程，确保优化策略实战应用效果

信号控制方案下发过程中，加强沟通，排除方案实施过程中的问题。同时，加强区域检测设备巡检及优化效果跟踪，及时复盘、排查，确保信控策略稳定运行。

优化措施

1. 明城墙区域信控策略设计

明城墙区域信控策略，即根据区域路网不同交通状态下的管控需求，在路网处于过饱和态时启用需求控制和瓶颈控制，高饱和态时使用拥堵协调，中低饱和态设置绿波协调和感应控制。同时，对于区域内的孤立路口进行单点自适应控制，以提升路网通行效率，保障区域道路交通有序运行，如图4所示。

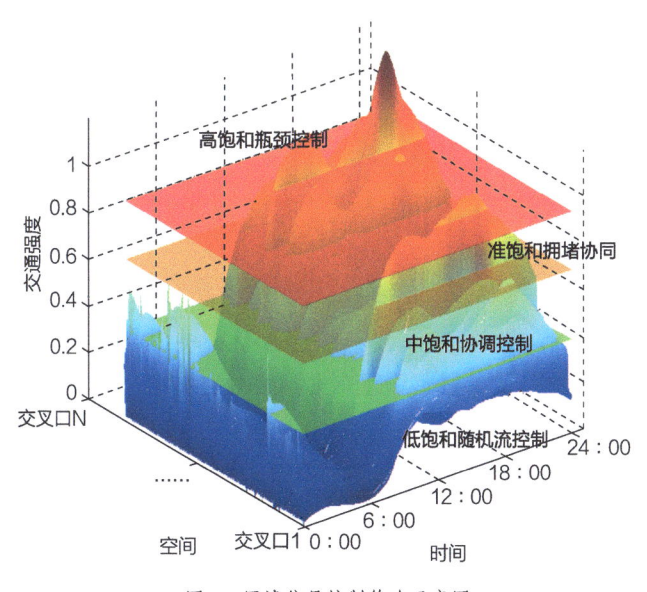

图4 区域信号控制策略示意图

根据出行需求及路网条件，明城墙区域信控策略控制范围包括西安市自强路以南、友谊路以北、环城西路以东、环城东路以西的区域，如图 5 所示。

图 5　明城墙区域高峰缓堵控制范围

在控制范围内，控制策略按照运行优先级从低到高分为四层：多时段定周期控制层（包括堵点路口的定周期基本方案优化、干线定周期无缆协调基本方案优化）、中心优化层（包括需求优化、协调优化、自适应可变车道、单点自适应优化）、路口优化层（瓶颈控制、感应控制）、手动干预层，如图 6 所示。

图 6　控制策略优先级示意图

（1）多时段定周期控制层

多时段定周期控制层运行的，是路口定周期基本配时方案，当自适应控制策略未触发、自适应控制降级时，默认运行路口定周期方案。

定周期方案优化工作包括堵点路口相位相序优化、时段划分精细化、行人信号的优化，以及区域交通走廊型干线无缆协调方案的优化，解决冲突降效、安全隐患、信号方案底层参数设置不合理问题，是控制策略制定完成后首先开展的工作。该项优化主要涉及区域大型集散点路口、瓶颈点路口和区域交通走廊型干线。重点优化措施举例如下。

1）北门外盘道十字。北门外盘道十字是明城墙区域北部的大型集散点路口，也是由北向南进入明城墙区域车流量最大的路口，如图 7 所示。由于北门瓮城和陇海铁路桥的存在，该路口交通组织难度较大，冲突点较多，高峰时段车流量较大时路口易发死锁。优化方案通过增加盘道清空相位的方法，缓解盘道内车流冲突，同时东西方向非机动车过街等待时间最长由 152s 降低至 75s，有效改善该不规则路口通行秩序，提升通行能力，如图 8 所示。

图 7 北门外盘道十字拥堵场景

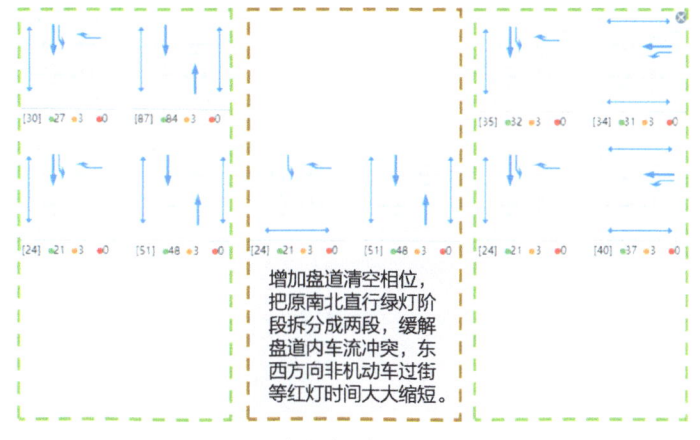

图 8 北门外盘道十字相位优化示意图

2）西华门十字。西华门十字是明城墙区域内部一个大型集散点路口，车流、人流密集，也是北大街沿线瓶颈路口，如图 9 所示。路口日均行人通过量达 20 万人次，日均车流量达 8.2 万辆，原方案南北直行方向绿灯长达 80s，绿灯放行一段时间后车流发生离散，通行效率降低，导致路口拥堵。优化方案将南北方向绿灯调整为"二次放行"，即每个信号周期南北直行方向放行两次，中间插入一段红灯用于汇聚车流，有效提升路口通行效率，如图 10 所示。

3）北大街干线协调策略设计。北大街是纵贯明城墙区域南北的交通走廊型干线、路段流量大，加之沿线道路路段面变化 5 次，各道路段面变化点都是一处交通瓶颈，导致车流通行不畅、高峰持续时间长、拥堵严重。原信控方案中，北大街沿线相邻路口间均未协调控制，沿线路口普遍存在"假溢出"、"假空放"现象，路段通行能力受限。优化方案在高峰时段于北大街沿线设置双向拥堵协调，提升了路段通行能力；平峰时段则设置南向北单向绿波，优先保障了驶出区域方向通行顺畅，提升行车体验，如图 11 所示。

图 9　西华门十字拥堵场景

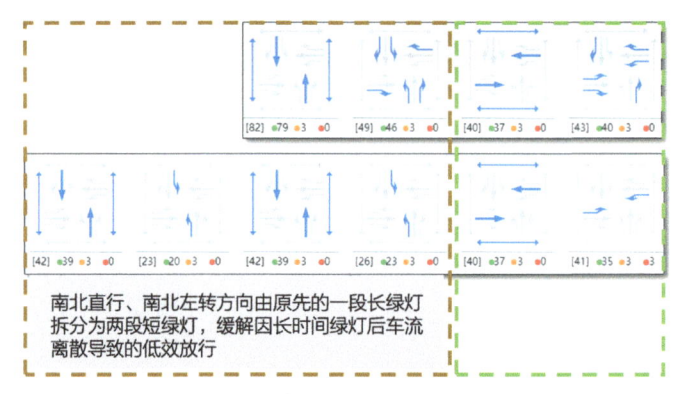

图 10　西华门十字相位优化示意图

图 11　北大街高峰时段拥堵协调效果示意图

（2）中心优化层

在完成路口定周期基本方案优化后，中心优化层依托中心信控平台，根据区域道路交通运行状态，按照控制驶入核心区车流量、干线绿波带宽最大、防止溢出等控制目标，实时向目标路口下发信控优化方案。明城墙区域信号控制策略中心优化层包括了需求优化、协调优化和自适应可变车道三种优化算法。

1）需求优化。需求优化可以对驶入核心区的车流量进行自主控制，防止核心区交通需求超过路网通行能力导致的区域性大面积拥堵。当中心平台检测到核心区状态点路口车道占有率升高，并即将超过阈值时，即缩短区域外围集散点路口驶入核心区方向的绿灯时长，并按照路口其余方向的流量比延长剩余方向上的绿灯时长，从而对区域内交通需求的自主调控、精准调控，实现缓进快出，如图12所示。

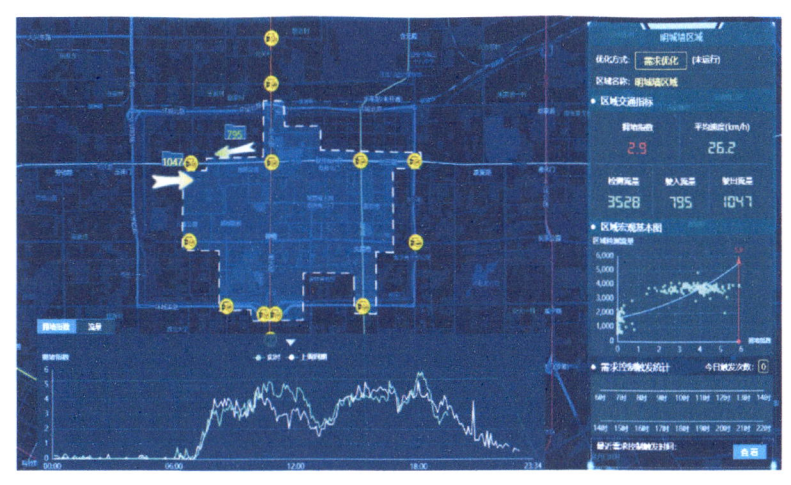

图 12　需求优化运行状态示意图

在明城墙区域，通过需求优化对北关正街、长安北路、东五路、东大街、莲湖路驶入核心区方向进行自主限流，有效缓解了瓶颈路段北大街的通行压力。以2022年国庆出行高峰为例，10月1日17:55，中心监测到明城墙核心区车道占有率达到0.32，较前一日同期提升45%，开始出现拥堵趋势。20分钟后，需求优化触发，根据核心区路口拥堵情况，中心平台自主对外围干线驶入方向进行限流。此后15分钟内，驶入区域流量由每5分钟1019辆减少至891辆，驶出区域流量由每5分钟1055辆提升至1124辆，有效遏制北大街沿线拥堵蔓延。45分钟后核心区拥堵缓解，恢复为定周期控制，如图13所示。

图 13　需求优化运行时区域进出流量变化示意图

2）协调优化。协调优化算法根据干线交通强度变化，对沿线路口周期、相位差、各相位绿信比进行实时优化，平峰时段能够使期望绿波带宽最大，高峰时段则能够使得干线通行能力最大。明城墙区域内规划了 5 条协调优化子区，以东西向主干道东五路为例，在运行协调优化后，每日系统自主优化干线协调方案 36 次，优化后路段行程时间较原先缩短 50% 以上，路段通行效率提升明显，如图 14 所示。

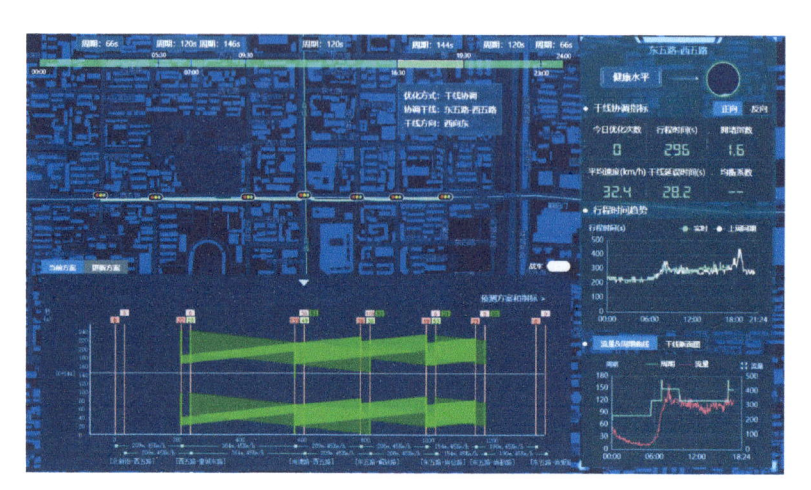

图 14　东五路协调优化运行状态示意图

3）自适应可变车道。北大街—莲湖路十字是明城墙区域重要的大型集散点路口，为了解决十字北出口溢出多发的问题，中心平台可根据北出口车道占有率调整可变车道属性，如图 15 所示。

图 15　北大街—莲湖路十字协调优化运行状态示意图

北出口排队车辆即将溢出至路口内时，南进口可变车道属性即锁定为左转，限制南向北直行方向的车流量。同时，为解决十字南进口直行与左转方向通行需求比例经常突变，导致南进口通行效率下降的问题，中心平台可根据路口南进口直行车道、左转车道与上游路口出口车道的流量、占有率数据，综合分析出路口关键车流方向，并实时改变可变车道属性。可变车道属性更改后，路口增加一个南口单放阶段用于清空可变车道内的排队车辆。自适应可变车道投入使用后，北大街—莲湖路十字高峰小时流量提升 4.9%，通行能力得到有效提升。

（3）路口优化层

中心完成目标路口优化方案下发的基础上，在路口优化层，信号机根据路口检测器请求状态进行感应控制，路口层运行有瓶颈控制和夜间感应控制。

明城墙区域内，在北大街—莲湖路、北大街—西华门、和平路—东十一道巷等 19 个溢出多发路口安装有溢出检测器，运行瓶颈控制。瓶颈控制能够在路口下游因事故、管制等突发情况导致拥堵时，将路口对应相位绿灯截断，防止车辆持续驶入拥堵路段导致车辆排队积压至路口内，从而确保路口通行秩序正常。

感应控制适合夜间的低饱和随机流，能够有效降低绿损提高通行效率。明城墙区域 54 个路口在夜间实行感应控制，占区域信号控制路口总数 82%。

（4）手动干预层

手动干预层控制优先级最高。手动干预由指挥中心值班岗完成，主要任务有针对突发拥堵的疏导调控、特勤车辆的临时保畅，以及区域自适应控制策略运行情况监视。当检测器故障导致自适应控制策略降级时，值班人需要及时识别问题，并临时通过手动干预辅助实现调控目标，防止区域信控降效导致拥堵。

2. 区域信控策略实施

方案实施过程中，支队秩序处与辖区大队保持密切沟通。通过座谈会的方式，支队秩序处听取辖区大队日常疏堵保畅工作中的难点、痛点问题，同时就优化方案与期望效果开展交流研讨，形成优化思路。

秩序处定期组织指挥中心值班员向路口一线执勤民警了解优化方案实施效果，确保信控方案变化时路口交通流能够快速适应、平稳运行，并现场感受信号优化效果。与此同时，向一线民警讲解控制策略，宣贯区域信控一盘棋思想，讲解自适应算法原理及常见问题，建立"联勤联动"机制，进一步确保信控策略的实施效果。

优化方案实施后，通过多种渠道对信控方案变化较大的路口进行讲解与告示，让市民及时了解信号配时优化动态，及时适应新方案，避免因市民对信控策略不理解、不适应而产生舆情。

优化方案实施后，还需开展后续效果巡查与维护工作，工作主要分为两部分内容。

（1）开展早晚高峰路况巡查

指挥中心值班员通过检测数据和视频监控巡查区域核心区瓶颈点路口交通状况，若发现异常交通拥堵，则需识别堵因，必要时开展手动干预，如图 16 所示。

（2）定期开展检测器故障情况排查

首先根据异常数据对控制策略运行影响的大小，分优先级安排维修更换。在检测数据恢复前，信控中心值班人员需对受影响路口路况进行持续关注，如发现突发拥堵即开展手动干预，如图 17 所示。

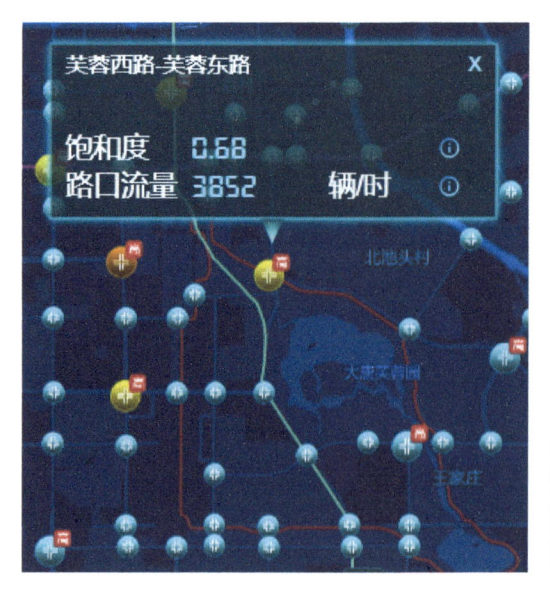

图 16　实时饱和度异常偏高路口实时展示 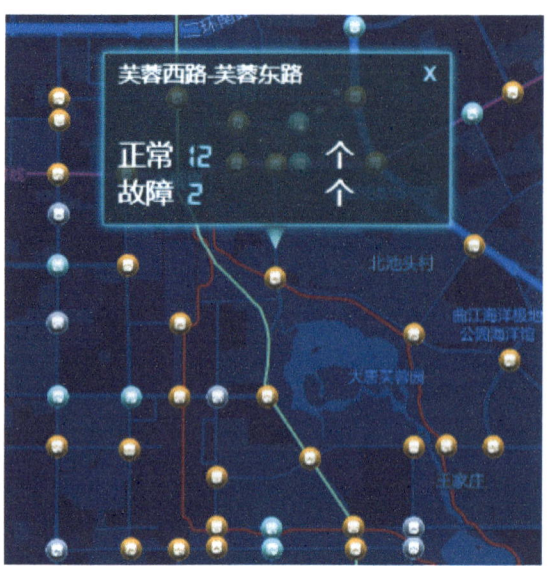　　　　图 17　路口检测数据异常情况实时展示

实施效果

明城墙区域信控策略下发后，数据显示，高峰时段区域边界进出流量较优化前上升 12.8%，高峰拥堵指数下降 7.2%，高峰持续时间缩短，区域内道路交通秩序显著改善，节假日出行高峰期间不再出现区域性大范围拥堵，优化效果显著，如图 18 所示。

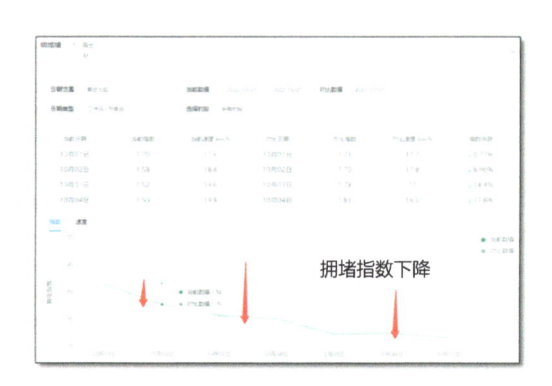

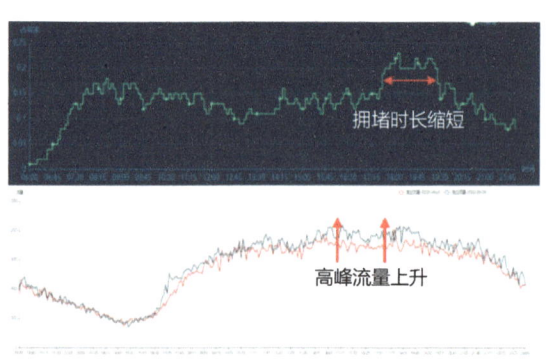

图 18　区域信号控制策略实施前后指标数据对比

短时流量预测提升大型活动路口管控效能

案例简介

针对大型活动期间路口流量预测模型数据源单一、预测精度不能满足路口管控需求等问题，苏州工业园区公安分局交通警察大队，利用组合模型实现大型活动场景下路口短时流量预测，为主动交通管控策略的提前部署提供技术支撑，化疏解拥堵为提前应对，变被动管理为主动防控。

现状情况及问题分析

大型活动期间的出行需求一般具有持续时间较短、空间分布集中、影响范围相对较小、强度大等特点，并且对影响区内交通系统运行的效率和可靠性要求很高，除了满足人员正常流动的基本要求外，还应充分考虑到突发事件发生时交通系统的可靠性。大型活动期间的道路交通状况是否良好，交通管理是否高效，是影响一次活动能否成功举办的因素之一，同时也是对现代化大城市交通管理水平的一个检验。此外，此类大型活动的发生是有计划性的举行，这与突发事件发生的随机性不同，由此可以提前预知城市交通情况，从而做好各种防范措施。

随着苏州工业园区经济发展和综合实力的提高，人民的文化娱乐需求也逐步上升，以金鸡湖音乐喷泉为代表的大型社会活动举办得日益频繁。大型活动的举办不仅对苏州工业园区的经济发展、社会文化领域产生持久的影响，同时大型活动也会吸引广泛的社会群体参与，这就使得活动开始和结束前后的场地周边区域会呈现突增的人流和车流，如图1所示。以园区的地标建筑苏州中心为例，作为苏州市最大的商业综合体，活动期间高峰人流量平均可达23万人次，车流量是周末的3倍。大流量的集中爆发对于交通管控的科学性提出了严峻考验，面对考验苏州交警通过研究和应用短时流量预测模型，超前推演路网流量变化，成功解决了信息滞后、处置被动的问题，实现了提前诱导和管控，提供了快速、有效、精准的交通保障。

图1 大型活动期间人员聚集

优化思路

通过流量预测、自适应信控、自适应可变车道等技术相结合,对大型活动场所周边交通态势进行提前预测并及时准备,事中监测与高效处置,事后反馈与监督,可以显著降低拥堵指数和居民投诉量,提升交管指挥与勤务的高效联动,提升车辆通行效率和居民出行体验感。

优化措施

苏州工业园区公安分局交通警察大队结合大型活动的交通特点,从卡口数据、气象数据、手机信令数据等多源数据挖掘的角度出发,宏观层面实现对出行时空特征和交通总体态势的精准分析,包括出行高峰时段、热点区域和热门路线。微观层面提出了一种考虑气象因素的 EEMD-DTW-LSTM 组合模型的路口短时流量预测算法。通过海量、多源交通数据来感知大型活动场景下道路交通状态时空变化特征,进行 EEMD-DTW-LSTM 模型训练,实现重点路口目标时刻流量预测。模型预测结果可显示未来路口各方向的流量变化趋势,为精准的勤务提供保障,从而提前进行信号优化、绿波控制、可变车道的切换等,实现指挥与勤务的高效联动、精准管控。

1. 强化数据收集和研判

利用过往大型活动场景下的手机信令数据与 POI 数据,分析大型活动场景下活动场所周围的 OD 流量分布情况。根据历史大型活动场景下居民出行时空特征,从时间层面分析居民出行主要集中的时段,从空间层面挖掘出行热点区域和主要出行路线。通过时空分析结果相结合,可以对大型活动场景下相应时段下可能会发生拥堵的道路或路径进行识别。

2. 建立组合预测模型

组合预测模型的构建思路包括四部分,分别为:原始序列分解、分量相关性计算、交通气象特征加入和分量组合预测。确定预测的时间粒度,提取路口流量构成历史数据集,原始序列在经过集合经验模态分解法(EEMD)分解后,得到 n 个 IMF 分量和 1 个剩余分量。完成上述步骤后,利用动态时间规整算法(DTW)计算出各分量与原始序列之间的相关性,按照计算结果将分量分为高相关分量和低相关分量两类。接着加入交通气象因素,研究不同分量组合输入长短时神经网络(LSTM)的路口流量预测情况,对比分析各实验组的预测结果,构建完成的 EEMD-DTW-LSTM 组合型流程,如图 2 所示。

3. 模型训练

在数字路网数据的基础上,模型的输入融合了手机信令、卡口、天气、POI、互联网数据等多源数据,通过 EEMD 算法分解原始数据序列、DTW 算法衡量分量相关性、LSTM 算法预测、网格搜索法参数调优,最终能够实现对多个路口各方向未来 5min 的短时流量预测。结合城管停车场实时泊位数据、浮动车数据,可反向验证预测结果的准确性。

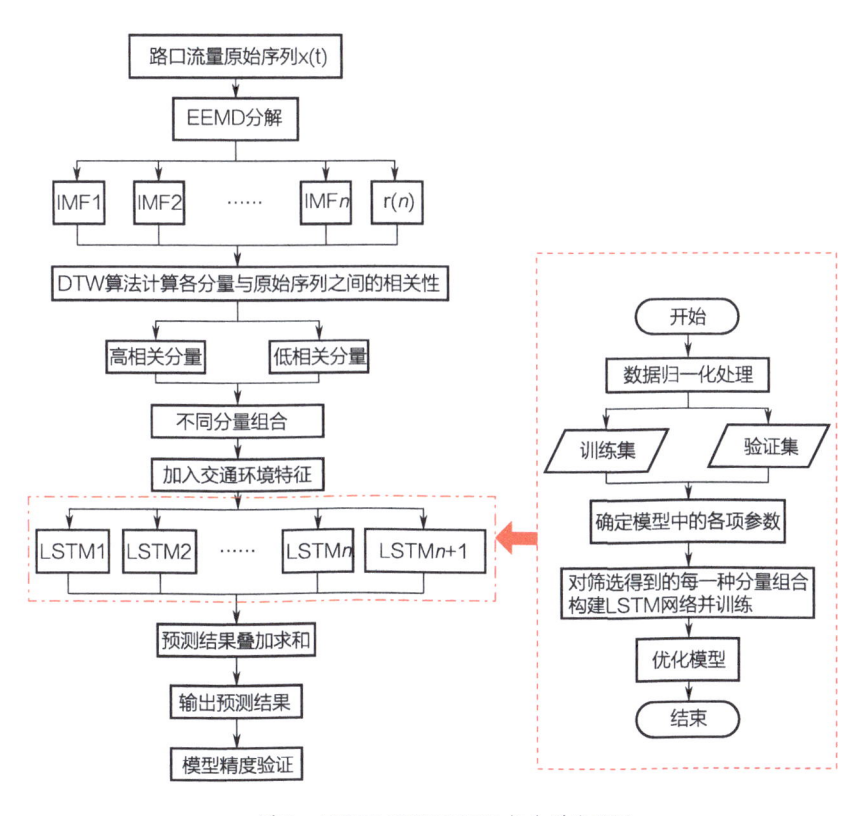

图 2　EEMD-DTW-LSTM 组合型流程图

模型输出的预测结果作为"情指勤督舆宣"一体化实战警务机制中大数据情报分析的重要组成部分，为立体指挥提供了强有力的数据支撑，推动各个业务板块串联，从而形成整体业务闭环，如图 3 所示。

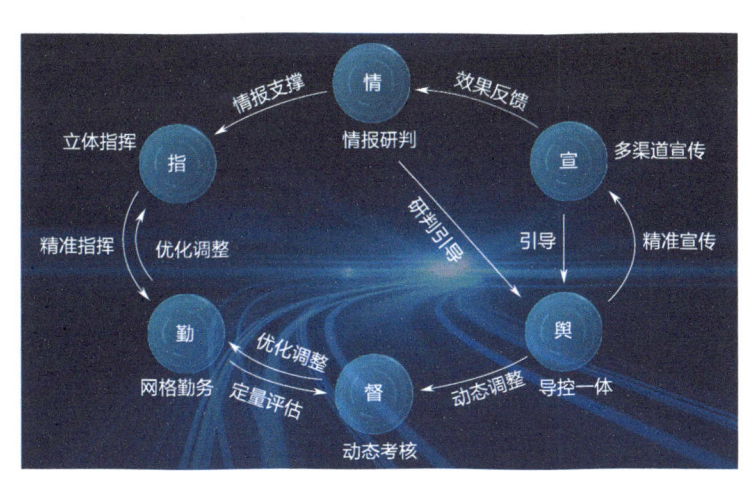

图 3　"情指勤督舆宣"一体化

4. 完善预案预警机制

目前苏州园区交警交通应急管理平台中已设有该模型。应急管理平台通过事前精准交通预警监测、事中高效交通管理处置、事后持续有效监督，将经验化的交通运营管理策略数字化、信息化，推动交通管控方案编制方式由人工线下编制模式向系统线上统筹转变，提高交通应急效率。

通过与历史数据的碰撞，形成预案纳入专家知识库，可在不同阈值范围内触发执行对应的预案，以数据可视化处理技术和多维度的指标碰撞、关联，实现直观的动态监管、决策分析，以及高效的协同作战指挥调度，负一秒响应发布交通诱导和实施路口管控，不断调度调整警力部署，管控效果明显提升。通过交通诱导、事故处理、警力调度等方面措施，为精准的勤务提供保障，从而提升大型活动、重点安保任务下的应急指挥联动响应能力和高效指挥水平，如图4~图6所示。

图4 大型活动应急管理平台展示

图5 精准交通预警监测

图6 事后持续有效监督

实施效果

目前苏州园区交警大队已将模型进行实战应用，2022年国庆当天，利用居民出行时空特征宏观分析模型分析了前往苏州中心区的主要路径和易堵路段；利用基于EEMD-DTW-LSTM路口短时流量组合预测模型，预测出苏州中心区周围三个路口的流量，预测值与实际值拟合度较高。两个模型分析预测结果相结合，对苏州中心区国庆当天的交通管控策略提前部署提供技术支撑，从被动管理变为主动防控，具有实际应用价值。

1. 宏观层面

利用苏州中心区过往大型活动场景下的手机信令数据和POI数据，分析大型活动期间前往苏州中心区车流的来源区域和主要路径。根据分析结果借助诱导系统发布路况诱导信息及停车诱导信息，提醒车辆前往其他停车场，引导人们根据诱导信息提前绕行，避开拥堵路段，如图7所示。

图7 车流主要来源区域和路径分析展示图

苏州中心区国庆当天的车流量得到有效控制，拥堵和事故概率大大降低。在保证大型活动顺利举行的同时也保证了居民日常出行的需求。

2. 微观层面

为验证组合预测模型的可行性与准确性，对苏州中心区周围三个路口（现代大道—星港街、星港街—苏绣路、星港街—樟香路）进行短时流量预测。利用组合模型预测得到的路口流量，对苏州中心区周围三个路口的信号控制具有实际指导意义，根据预测结果园区交警大队主要采取了以下措施提前进行管控。

1）将星港街—现代大道北进口可变车道设为直行；东进口可变车道设为左转；将星港街—樟香路北进口可变车道设为直行；将星港街—苏绣路南进口可变车道设为直行。

2）根据预测的流量情况，提前启用进、散场协调信号控制预案。

3）通过指挥中心平台的警力与路口的警力应时刻保持联动，相互配合，保障大型活动顺利进行，如图8所示。

图 8　现场警力疏导指挥

利用模型分析结果在实战管控中的应用，相比以往同等大型活动情况下，苏州中心管控区域拥堵指数由 1.86 下降至 1.78，下降 4.81%；区域通行效率整体提升 6.22%；观众散场由 50min 缩短至 40min，缩短 20%；机动车散场由 65min 缩短至 50min，缩短 25%；同时，现场未发生一起交通事故，行人、非机动车的交通安全得到保障，如图 9、图 10 所示。

图 9　管控前道路运行状况

图 10　管控后道路运行状况

基于 EEMD-DTW-LSTM 组合模型的路况短时流量预测算法，适用于大型活动场景下的路口流量预测，模型适应性强且可移植性强，目前在苏州园区奥体中心、博览中心等场馆周围区域均已开始进行流量预测，实战应用效果良好。

"生命救护绿波"机制提升应急事件处理效能

案例简介

针对如何为生命紧急救护争取宝贵时间的问题，南宁交警建立"精准指挥、信号绿波、铁骑开道、整体联动"四位一体的 122 为群众开启"生命救护绿波"机制，每起应急保障护送救助通行时间比正常交通出行时间节省 50% 以上，救助成功率高达 100%，为救助生命赢得了宝贵时间。

现状情况及问题分析

南宁市区现有医院 62 家，其中三级甲等医院 19 家，具体分布为青秀区 9 家、兴宁区 4 家、西乡塘区 4 家、江南区 1 个家、良庆区 1 家。以广西医科大学第一附属医院和广西壮族自治区人民医院为代表的三级甲等医院，主要分布在民族大道、江北大道、快速环路、青山路、双拥路、桃源路、教育路等城市主干道和辐射的周边交通繁忙道路上，如图 1 所示。

图 1 南宁市区三级甲等医院点位示意图

通过接处警数据分析，2020 年至 2022 年，南宁交警指挥中心接到社会群众的应急交通保障求助警情分别为 81 起、137 起、253 起，呈逐年上升趋势，如图 2 所示。此前由于缺乏相关保障机制，应急交通保障方式比较单一，也不够成熟，基本是路面处警人员单兵作战，容易顾此失彼，没有依托机制形成合力，导致交通应急保障效率大打折扣。此外，城市道路立交 121 座，功能缺失的道路立交 15 座。缺失原因分别为转向功能不全 5 座、未按规划方案建设 5 座、已批未建立交 5 座。功能缺失的道路互通立交对交通流转换产生直接影响，明显降低了市区路网的互联互通能力和路网通行效率。

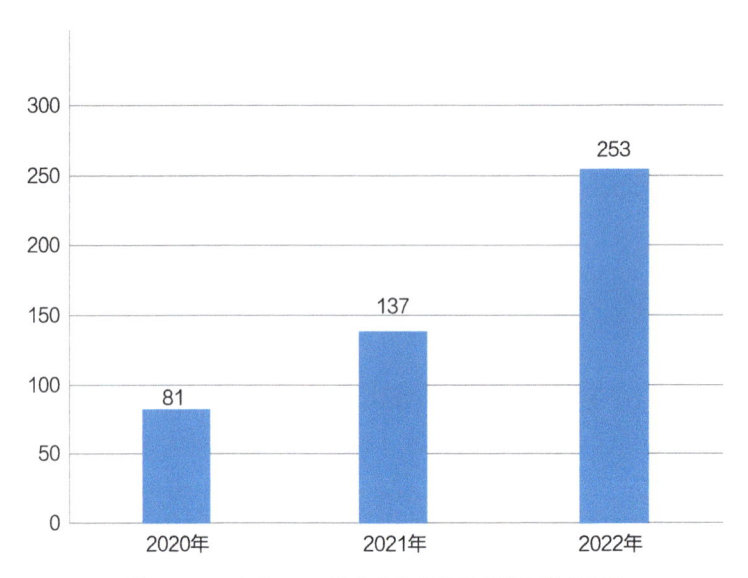

图 2 2020 年至 2022 年应急交通保障求助数据示意图

优化思路

针对此问题，南宁交警整合现有智能交通系统平台，融合警员、警车、监控设备、警情、信号灯等资源，精准定位和实时查看在线警员信息和工作动态，建立了"精准指挥、信号绿波、铁骑开道、整体联动"四位一体的 122 为群众开启"生命救护绿波"机制。

优化措施

南宁交警指挥中心接到群众的应急交通求助后，将会立即开启"生命救护绿波"机制，依托集成指挥平台开展应急交通保障。集成指挥平台融合了警员、警车、监控设备、警情、信号灯等资源，可精准定位和实时查看在线警员信息和工作动态，掌握警车位置、装备、轨迹等基本信息，随时调取、使用周边视频监控等各类资源，实现一张图的指挥调度。平台还接入了高德 ET "城市大脑"数据，在平台上实现了最优线路规划，特别是能在早晚高峰交通拥堵时规划最佳线路，提高应急交通保障效率。

1. 明确"生命救护绿波"启动机制

122 接报警平台或是路面执勤交警，接到群众被毒蛇咬伤、紧急重症、断手断脚重新接植、孕妇临产大出血等需紧急就医的求助时，第一时间转报支队指挥中心，由支队指挥中心负责统筹启动"生命救护绿波"机制，如图 3 所示。

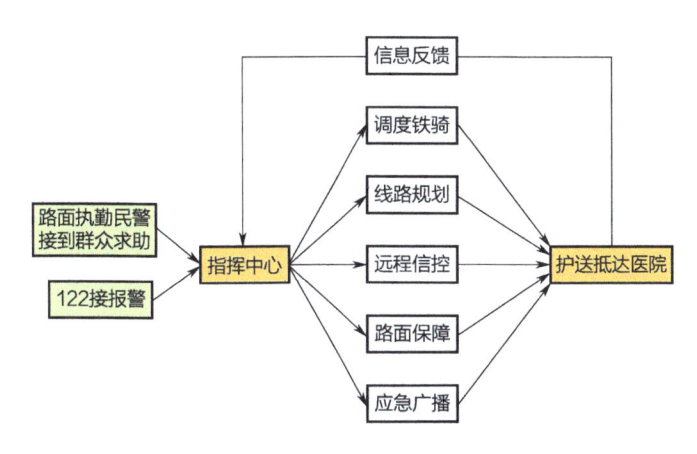

图 3　"生命救护绿波"机制流程示意图

2. 规划最优送医路线

全面整合现有智能交通系统平台，当接到前述群众需紧急就医等情况的求助后，利用互联网大数据平台第一时间分析交通警情信息，为求助群众规划避开拥堵路段的最优送医线路。

2023 年 3 月 13 日 12 时 30 分许，南宁交警指挥中心接到群众通过 122 报警台报警称，在江南区友谊路，一搭载严重肾衰患者私家车从坛洛镇（位于南宁西南方约 40km）前往市第八人民医院就医。接报后，支队立即启动"生命救护绿波"机制，指挥中心通过平台自动定位求助者（车辆）、最近警力、警车（铁骑）位置，分析研判求助者方位、警力定位、实时路况、出行时段、信号灯分布等数据，自动生成若干条导航线路，包括最优路线、1~3 条备选路线。该案例中平台自动生成的最优路线为：即安吉大道——安园路——安阳路——秀灵路——明秀路——市第八人民医院，按照规划的线路仅用 10min 就达到医院，较人工选择的线路少用将近 5min，如图 4 所示。

图 4　规划最优送医线路指挥调度图

3. 就近派警、全程指挥调度

利用集成指挥平台，精准定位距离求助群众最近的铁骑或警车，由路面铁骑队员或执勤民警具体负责在本辖区范围甚至是跨辖区开道护送。同时，通过指挥中心全程扁平化、可视化、实时化指挥，调度路面警力做好沿线交通指挥疏导，最大限度为救助危重病患者抢时间、保生命，如图 5 所示。

图 5　定位路面铁骑示意图

4. 全程绿波放行

利用数字化的远程信号控制平台，与大队指挥分中心上下配合，远程调控沿线道路一路绿波放行，提高就医速度，如图 6 所示。

图 6　远程控制沿线路口绿波带放行示意图

5. 信息共享、多部门联动

接处警平台与交通应急广播电台协同处置，支队指挥中心、大队分中心、医疗救护单位同频联动，提前打通就诊链路，将求助群众的信息同步医疗机构，由医疗机构提前做好接诊准备，力争在每个环节为求助群众减少时间，如图 7 所示。

图 7　医院提前做好接诊准备

实施效果

1. "生命救护绿波"机制社会效益显著

自 2021 年 7 月份建立 122 为群众开启"生命救护绿波"机制以来，先后紧急快速护送危重病患者 322 人次，每起应急保障护送救助通行时间，比正常交通出行时间节省 50% 以上，救助成功率高达 100%，为救助生命赢得了宝贵时间，以南宁交警速度传递南宁城市温度，得到了人民日报、新华社、中央广播电视总台等主流媒体的宣传报道，浏览量超 1 亿人次、网友点赞超 5000 万人次，公安部交管局工作简报刊登，广西公安厅交警总队向全区推广，得到了广西壮族自治区、南宁市领导的多次批示肯定，被评为广西"我为群众办实事"优秀基层案例和南宁市优秀改革创新项目，列入南宁市高质量发展成果展示内容，如图 8、图 9 所示。

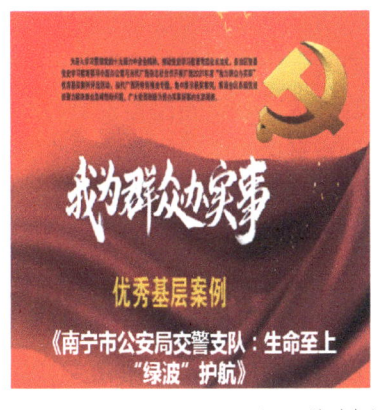

图 8　得到各界表扬

图 9　主流媒体宣传报到

2. 城市应急管理体系提速增效

按照推进市域社会治理现代化的思路，南宁交警不断提档升级 122 为群众开启"生命救护绿波"机制，推动该机制向消防救援、抢险救灾、疫情防控等城市应急管理工作延伸，如图 10 所示。

图 10　与消防救援部门座谈提升"生命救护绿波"机制

南宁交警与卫健、疾控、消防救援、应急管理等部门强化信息互通、横向联动，在接到危重病患者需紧急送医抢救、消防救援、抢险救灾、疫情防控等紧急任务求助后，利用智能交通系统和互联网大数据平台，第一时间规划避开拥堵路段的最优线路，利用数字信息化平台精准定位快速调度距离任务最近的路面铁骑前往开道，利用数字化的远程信号控制平台远程调控线路一路绿波放行，并依托指挥中心全程扁平化、可视化、实时化指挥，调度路面警力做好沿线交通指挥疏导，最大限度为抢救群众生命、消防救援、抢险救灾、疫情防控流调溯源或样本送检赶时间提效率，不断扩大"生命救护绿波"机制的保障覆盖领域，推动 122 为群众开启"生命救护绿波"机制成为南宁市城市应急管理体系的重要内容。